成功ではなく、幸福について語ろう

岸見一郎

GENTOSHA

目次

第2章

自分の課題・他人の課題

第3章　喧嘩に勝たない・人の期待にこたえない

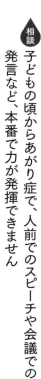

第4章

今日という日を今日のためにだけ生きる

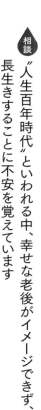

装幀・本文デザイン　秦 浩司(hatagram)
イラスト　たかしまてつを

第1章

成功と幸福

今こそ幸福について語り合おう

皆さんは今、幸福ですか。こんなことはわざわざ聞かれることはないかもしれないですね。今、幸福な人は幸福について考えないでしょう。反対に、今、**不幸だと思っている人は幸福について一生懸命考える**でしょう。

例えばこういうことです。

最近私の娘が結婚しました。娘はその時、幸福の絶頂にいると思ったことでしょう。そうであれば、これから先はどうなるのか、これからは不幸になるしかないのだろうなどとは娘は思わないでしょうが、もしも今が幸福の絶頂であってもいつまでもこの幸福を維持できないと考える人にとっては、今幸福であることが不幸の始まりといえるかもしれません。そのような人は幸福の最中に幸福とは何か考え始めるでしょう。

哲学者の三木清は『人生論ノート』という本の中で、「人間的な幸福の要求が抹殺されようとしている」といっています。彼は、個人の幸福というものをはっきりといってはいけない時代に生きていました。今は三木が生きた時代と同じではありませんが、よく似た時代ではないかと私は感じています。そういう時代にあって、**個人の幸福というものをどう考えるのか**ということは、大切なことだと思います。

これから考えようとしている「幸福とは何か」という問いの答えを知らない人は一体、どこからどのように考えていいのか、と途方にくれるかもしれません。

そのような問いに対して、自動販売機にコインを入れたらジュースがガシャリと出てくるように簡単に答えが出てくればいいのですが、そういうわけにはいきません。コインを入れたのに何も出てこないことがあるように、答えが出ない問いは世の中にいくらでもあります。

それでは、答えが出ないのであれば問う意味はないのかというとそうではありません。答えを出しようがない問いもあります。例えば、「死とは何か」という問いがそれです。三木清は「死は観念である」といっています。生きている限り、他の人の死は体験できますが、自分自身の死を体験することはできません。その意味で、「死とは何か」という問いはいくら考えても意味がないと思えますが、**答えが出ない問いについて考える**ことは無意味ではありません。なぜ無意味ではないかはすぐ後で考えます。

幸福の定義は必要か

幸福の問題も、これと同じ問題だと考えていいと思います。哲学者は幸福について論じようとすると、まず幸福を定義しなければならない、議論をする時に定義がはっきりしていなければ、議論にならないからといいます。これが間違っているわけではありません。

プラトンは、対話篇という形で作品を残しています。多くの対話篇ではソクラテスと若い人が対話をしています。例えば「勇気とは何か」という対話が始まります。最初、対話の相手は勇気とは何かというソクラテスの問いの意味を理解できず、勇気の例をあげます。しかし、勇気の例をあげることも、どうしたら勇気を持てるかを考えることも、**勇気とは何か**を知っていなければできないことが示されます。対話がその後どうなるかといえば、結局、私たちは勇気とは何かという問いへの答えを見つけることはできなかったというところで終わります。

それなら、このような議論には意味がないではないかと思う人もいるでしょうが、答えに至る過程にこそ意味があります。最終的に、勇気とは何かという問いに対する答えは出なくても、**考え方の道筋、どんなふうに考えればいいかはわかります**から、見当違いの方向で答えを探さなくてよくなります。

「幸福とは何か」という問いも、私たちがもしも幸福になりたいと思うのであれば、きちんと考えていかないといけません。しかし、予想されることは、幸福とは何かを問うてみても、結局わからなかったというところで終わる可能性があるということです。そういう問いに対して、はたして答えが出るのかどうかは、今のところはわかりません。しかし、幸福とは何かということを問いかける中で、答えの道筋、あるいは、方向性が少しでも明らかになればと思っています。

幸福について、私たちは全知と無知の中間

定義に到達できるかはわからないという話をしましたが、それでは、私たちは今の時点で、幸福とは何かについてまったく無知なのかというとそうではありません。**人間はまったく知らないことを求めることはない**からです。幸福とは何かということを完全に知らなくても、少しは知っている。まったく知らないものを求めることはないのです。何も知らない人は何も知らないから知らないというような単純な話ではなく、完全に知っているという状態を知っているからこそ、今自分は無知であるということがわかるのです。

ですから、私たちは全知、完全に知っている状態と、無知の中間的な状態にあるといえます。幸福について一体それが何なのか知ろうとする人は知を愛する人、哲学者でありますが、何も知らないわけではありません。私たちは完全ではなくても、幸福とは何かということを知っているのです。

もし仮に、今あなたがあまり幸福でないと思っているとしたら、それは幸福は何かを知っているからです。幸福は何かをわかっているからこそ、今自分が幸福でないということがわかるのです。あるいは、もっといえば、幸福であるという経験をしたことがある、もしくは**本当は幸福であるのにそれに気づいていない**のかもしれません。

成功と幸福

三木清は、幸福感と幸福は違うといっています。例えば、薬を使ったり、あるいは、お酒を飲んで酩酊《めいてい》状態に陥り、気分がよくなるのは、幸福ではなく幸福感です。

世の中のことを考えても、非常に耳に心地のよいスローガンを声高に叫ぶ人がいます。皆で守り立てようと盛り上がる。そういう時、高揚感、幸福感がありますが、はたしてそういうものが幸福といえるのかというとこれも疑わしい。

たしかに、その時は気持ちよかったけれども、後で考えたら本当にそれでよかったのだろうかと思うことがあります。そんな高揚感に浸っている間に、世の中が自分の思ってもいない方向に進むということはよくあります。ですから、**幸福と幸福感とはまったく違う**ということを知っていなければなりません。

さらにいえば、幸福感と区別された幸福は、非常に知的なものですから、どうすれば幸福になれるのかということについて知的な判断をしなければならないので、その時の勢いや高揚感で選び取られるようなものではないのです。

感情的なもの、あるいは、感覚的なものに訴えて人を駆り立てようとするもの、あるいは、そういったものに酔う社会は非常に危険です。

三木は、幸福と幸福感は違うということを前提に次のようにいっています。

「成功するということが人々の主な問題となるようになったとき、幸福というものはもはや人々の深い関心でなくなった」（『人生論ノート』）

成功することが幸福なのだと皆が思うようになると、幸福とは何か、真の幸福とは何かということを誰も考えなくなります。三木は戦前の哲学者なのですが、三木が残した本を読むと、今の時代のことをいっているのではないかと私はいつも思ってしまいます。

続けて、三木は、「成功と幸福を、不成功と不幸を同一視するようになって以来、人間は真の幸福が何であるかを理解し得なくなった」といっています。

たしかに、そのあたりのところを私たちは無反省に受け入れていて、例えば、よい学校に入ってよい会社に入り、裕福になることが幸福だと考える人がいますが、三木はそれは**成功であって、幸福ではない**といっているのです。

質的な幸福、量的な成功

何が違うかというと、まず、幸福は各自においてオリジナルなもので、質的なものです。他方、成功は一般的なもの、量的なものです。

幸福は各自においてオリジナルなものであるというのは、**幸福はその人だけに当てはまる**のであり、その人にとっては幸福であることでも、他の人にとっては、幸福であるとは限らないということです。

幸福が質的なものであるというのはこういう意味です。量的なものであれば、他の人が真似ようとします。誰でもできそうなことであれば、真似ようとし、追随する人が出てきます。『嫌われる勇気』は本当におかげさまでベストセラーになりましたが、ベストセラーというのは量的なものです。本がベストセラーになると真似ようとする人が出てきます。同じような装丁の本がたくさん書店に並んだりするのです。別に同じ色の本にしたら売れるわけではないのですが、ベストセラーになることを量的な成功と見る人は真似ようとするのです。

しかし、私にとってベストセラーになったことは成功ではなく、幸福なのです。もちろん、たくさん売れているということは、本当にありがたいことですが、私の幸福は量では測ることはできません。『嫌われる勇気』や『幸せになる勇気』が、**本当に届くべき人の手に届き、その人の人生が変わった**というようなメールを頂く時に、本を書いてよかったと思います。幸福と成功にはこのような違いがあります。これが第一点です。

何かを達成しなくても幸せになれる

二つ目は、**幸福は存在に関わり、成功は過程に関わる**ということです。三木によれば、成功は進歩と同じく直線的な向上として考えられます。他方、幸福には本来、進歩というものがないということを指摘しています。幸福は存在だというのです。過程ではありません。今をこうしてここで生きていることが、そのままで幸福であるという意味です。どういうことかというと、幸福であるために何かを達成しなくてもいいということです。

しかし、成功はそうではありません。よい学校に入らないといけない。そして、よい会社に入らないといけない。そういうことを達成しなければ成功したとはいえないと考え、成功と幸福を同一視している人にとっては、成功していない今は幸福ではないことになるわけです。

しかし、人は何かを経験したから幸福になるのではありません。逆に、何かを経験したから不幸になるのでもありません。幸福については「なる」という言葉は使えないのです。つまり、私たちは幸福に「なる」のではなく、幸福で「ある」のです。

『嫌われる勇気』の中には、「人は今この瞬間に幸福になれる」と書きました。今この瞬間に幸福になれるということは、その前は幸福でなかったという意味ではなく、実は私たちは既に幸福で「ある」のに、そのことに気づいていないだけなのです。ですから、そのことに気づくという意味で、私たちは幸福に「なる」のです。そういうことを知れば、何かを達成しなくても、**今このままで幸福である**ということに気づいた時に、人はその瞬間に幸福になるといえます。

以前は不幸だったけれども、今幸福になったのではなく、ずっと前から幸福であるということに気づかなければならないという意味です。そういうことを三木はいおうとしています。

他方、成功するためにはいろいろなことを達成しないといけません。幸福かと問われた時に、幸福でないと思う人は、まだある目標を達成できていないといいます。好きな人に出会い、その人と結婚さえできれば、幸福になれると思っている。しかし、これは三木のいう幸福ではありません。

目標を達成したら幸福になれると思っている人がある目標を達成したら、その目標を達成した途端に、また新しい目標を作り出します。蜃気楼《しんきろう》のように、いつまで経《た》っても幸福に到達することはできません。そのような人は幸福を成功と混同しているのです。

三木はいっていないことですが、幸福は存在に関わり、成功は過程に関わるという違いに加えて、これは幸福と成功がどう違うかといえば、**成功は幸福の手段であるということです**。ただし、多くの人が成功すれば幸福になれると考えているということですが、実際に成功が幸福の手段であるかはまた別問題です。

以下、各章の最後で相談に答えます。自分とは直接関係がないように見えても、相談への回答を読むことで、どう考えれば**問題解決の糸口**を見出《みいだ》せるかがわかってくるでしょう。また、本書のテーマである幸福についての理解も深まると思います。

相談

愛する家族に素晴らしい仕事。それでも定期的に襲ってくる人生への絶望感とどうつきあっていくべきでしょうか？

私の悩みは、定期的にやってくる絶望的な失望です。

多くは、仲間や職場の同僚と楽しくお酒を飲んだ帰り道にやってきます。酔っ払ったように仕事をし、それが終われば文字通り酔っ払い、休日は家族と楽しく余暇を過ごし、また酔っ払ったように仕事をする。

まるで自分がソドムの住人のような気がしてきます。または三島由紀夫の予言したような日本人そのもののような気がします。

途轍《とてつ》もない虚《むな》しさが帰り道に押し寄せてきて、満足に歩くこともできなくなります。素晴らしい仕事を与えられ、愛する妻と子どもがいてもなお、失望は増すばかりです。そしてそこから脱する解を得るには、あまりにも人生は短すぎ、またあまりにも私の頭は悪いのです。

私を苦しめるこの感覚を誰かにやっとの思いで話しても、誰からも共感を得られません。お知恵をお借りしたいです。

（海辺の豚・サラリーマン・30歳・男性）

お答えします

真摯《しんし》に生きるほど、避けて通れない問い。ですが、「素晴らしい仕事」や「愛する家族」はあなたの人生の成功の証ではないのです

この人生ははたして生きるに値するのか、人生の意味とは何か。

このような問いは、**人生を真摯に生きよう**とするのであれば、避けて通ることはできません。

私が初めて「途轍もない虚しさ」に襲われたのは小学生の時でした。はたしてあなたが感じておられる虚しさが、それと同じものかはわからないのですが、私は、今はこうしていろいろなことを感じ、考えているのに、そのすべてが死ねば無に帰してしまうことに思い当たったのです。

いずれ**必ず死ななければならない**のに、なぜ生きなければならないのか。その問いは私を夜も眠れないほど絶望させましたが、なぜかまわりにいる大人たちは、人生に限りがあることなど知らないかのように、笑って生きていることに驚いたことをよく覚えています。

そんなことがあって、人は死ななければならないのになぜ生きなければならないのかという問いに答えを見出すべく、私は哲学を学んできました。

率直にいって、未《いま》だその問いへの答えに辿《たど》り着けたとは思いませんし、他のこととは違って死だけは誰も生きている間に経験できませんから、答えが出るかといえば出ないというのが本当です。

それでも、答えが出なければ生きていけないわけではありませんし、答えが出なくても生きていかなければなりません。

アドラーが、**すべては虚しく、人生はあまりに短い**こと、何が起こるかを知ることができないという人がいることを指摘しています。虚しさ、人生の短さについてはあなたも話されています。何が起こるかを知ることができないことについても同意されるでしょう。

今はすべてがうまくいっているように見えても、いつまでそれが続くかは誰にもわかりません。他のことは不意に起こっても対処できるかもしれませんが、死についてはそれがいつやってくるかがわからないので、死を思うと不安になります。

あなたの「絶望的な失望」はこのような虚しさ、不安の中で起きるわけですが、私はそれが「やってくる」のではないと思うのです。酩酊の後の絶望も、酔っ払ったように仕事をすることも**自分で選んでいる**と見たほうが、あなたの身に起こっていることのわけが見えてきます。

絶望やどうしようもない虚しさに至る時のパターンがある

絶望的な失望は「定期的」にやってくるというより、あなたが招いているのであり、絶望に至る時にはパターンがありますね。

つまり、途轍もない虚しさは仲間や職場の同僚と楽しくお酒を飲んだ帰り道に押し寄せてきますが、お酒を飲んでいる時には途轍もない虚しさはこないのです。休日、家族と共にいる時にもこの虚しさはきません。

しかし、楽しく酒を飲んだ帰りに虚しさが押し寄せ、家族と楽しく余暇を過ごした後には、「酔っ払ったように」仕事をします。実際に酔うのであれ、酔っ払ったように仕事をするのであれ、何かを忘れるために、あるいは何かから逃げるために酩酊状態に入ろうとしているように見えます。

率直にいって、私は酔ってはいけない、目覚めていなければならないと思います。酔っ払っても、「絶望的な失望」「途轍もない虚しさ」から逃げられないのははっきりしているのですから、**向き合うしかない**のです。

しかし、突破口がないわけではありません。

まず、仲間や職場の同僚、家族との付き合い方を変えることができます。絶望した人は往々にして、人と関わることも億劫《おっくう》になりますが、あなたは対人関係を避けているわけではありません。

問題は**仲間や家族らとどう関わるか**ということにあります。仲間や家族らと楽しく過ごすことを、虚しさから逃れるための手段にしてはいけないと思います。未来のことを思うと不安になりますが、まだきていない未来のことを思い煩《わずら》うことなく、仲間との、また、家族と過ごす時間を思う存分楽しめばいいのです。楽しんでいる最中にも先のことを考えると楽しめなくなります。

次に、仕事についても、それへの取り組み方を変えることができます。絶望した人は仕事も手につきませんが、あなたは仕事をしています。ただし、酔っ払ったように仕事をしていることが気にかかります。

ワーカホリックな人が、仕事が忙しいことを理由に家庭のことを疎《おろそ》かにすることがあります。本当は、家庭のことを疎かにし、家庭の問題から逃げるために仕事が忙しいといっているのです。あなたの場合は、家庭を大切にしているのですから、家庭からではなく、人生の大問題から目を背けるために酩酊状態で仕事に打ち込んでいるように見えます。そうすることで、不安から逃げようとしているのです。

しかし、仕事をしている時にもしっかりと目覚め、仲間や家族らと過ごす時と同じように仕事に思う存分打ち込んでほしいです。

虚しさがやってくるのは、**今集中できていない**からです。遊びも仕事も同じです。死も含めてこれから何が起こるかわからないことは不安ですが、今集中していたら、先のことは気にならなくなります。

もう一つ気になるのは、酔っ払ったように仕事をしている時、はたして**仕事に喜びを感じているのか**ということです。ここにも突破口があるように思います。

人生に限りがあることはどうすることもできません。しかし、そのような人生を生きているからといって必ず虚しさを感じるわけではありません。

アドラーは「人生は限りのあるものであるが、生きるに値するものであるには十分長い」といっています。

「素晴らしい仕事」や「愛する家族」は成功の証ではない

一体、どうすれば**限りのある人生を生きるに値するものにできる**のでしょうか。

ある時「人生の意味は何か」とたずねられたアドラーは次のように答えました。

「人生の意味はない」

これだけを読むと、アドラーは人生の意味はないといっているように見えます。

しかし、次のようにもいっています。

「人生の意味は、あなたが自分自身に与えるものだ」

この言葉を読めば、アドラーは人生に意味がないといっているのではなく、誰にでも当てはまるような一般的な人生の意味はないといっていることがわかります。

一般的な人生の意味であれば、もうあなたは見つけているのです。「素晴らしい仕事」が与えられ「愛する妻と子ども」がいるということです。それらに恵まれていることはありがたいことですし、まわりの人が羨《うらや》むかもしれません。


しかし、「素晴らしい仕事」が与えられ「愛する妻と子ども」がいるということを、一般的な成功と捉《とら》えてはいけないと思います。いわばステータスを示す仕事と家族ではなく、**他の誰にもできない仕事をしている**こと、他ならぬこの愛する妻と子どもと共生することに喜びを見出せるとすれば、それは成功ではなく幸福です。

幸福な人生は虚しさではなく、充実をもたらします。何かを達成すれば幸福になれるのでも、何かを失えば不幸になるのでもありません。

今、**このままですでに幸福である**ことに思い至れば、それが失われることを恐れることもなくなるでしょうし、そのような恐れや不安を解消するために酔っ払わなくてもよくなるでしょう。

相談

住む場所から子どもの名前まで、妹に真似されて困っています

妹と理解しあえず悩んでいます。

お互い結婚して、私は分譲マンションを購入して住んでいます。妹も結婚していて、最初はご主人の仕事の都合で地方に住んでいたのですが、二年ほど前に、私たちの近くに越してきました。

私たちは主人の通勤がしやすいところという理由で、マンションを購入したのですが、妹たちは特にこの土地にゆかりがあるわけでも、通勤しやすいというわけでもありません。

そして一年もしないで、今度は私たちと同じマンションに越してきました。妹たちの家に初めて行った時、あまりにも同じインテリアだったので驚きました。主人も驚いていました。まったく同じものもいくつかありました。

一度、もう真似ばかりしないでほしい、結果的に同じものになったとしても、少しはこちらの気持ちもわかってほしいと伝えたところ、「被害妄想」「自意識過剰」「何で買う時におたくにお伺いをたてなければならないのか」とまったく理解してもらえません。

子どもの名前も似ています。同じ歳の子どももいるので幼稚園も小学校も一緒になります。

私も「いいなと思ったから、真似させてもらった」とか「似ちゃってごめん」とかいってくれれば、まだ、私たちの気持ちもわかってくれてるんだな、と思えるのですが、「被害妄想」などといわれていい気分ではありません。

親にいっても、姉妹なんだから、あなたが我慢しなさい、といわれます。

この先もずっと近くに住むのであれば、もう少しわかり合えないものかと悩んでいます。どうしたらいいのでしょうか。


（ゆで卵・主婦・42歳・女性・東京都）

お答えします

妹さんが真似ようとしているのは、あなたの「成功」であって「幸福」ではありません

妹にとって姉は、いわば常に自分の前を走るペースメーカーです。

姉にとっては何をするのも初めての経験なので失敗することも多々ありますが、妹は姉を見て育ったので姉が経験した失敗をしないように要領よく生きます。姉が成功すれば、姉の**真似をしている限り失敗することもない**ことを知っています。

そんな要領がよい妹を、努力家の姉は腹立たしく思うことがあるでしょう。

妹は前を走るペースメーカーの姉が力を弱めたら、一気に追い抜こうといつも機会を窺《うかが》っています。実際、姉を追い抜くことがあります。

ところが、あなたの妹さんはいつもあなたの後ろにいて、真似ばかり、決して追い越そうとはされなかったのです。あなたとは**違うことをしたら失敗する**に違いないと思ってこられたからです。

「幸福」は嫉妬されない

姉を越えられないというのが妹さんの劣等感ですが、これをあなたがどうにかすることはできないでしょう。でも、あなたにできることは一つだけあります。

妹さんが真似ようとしているのはあなたの「成功」であって「幸福」ではありません。マンションの購入、インテリア、子どもの名前、子どもが通う学校であれば真似ることができます。実際、妹さんはそうしてこられました。

しかし、先にあげたようなことはいわば「量的」な成功です。多くの場合、成功が幸福と見なされます。成功であれば、他の人がそれを見て真似ようとし、それができれば嫉妬します。

他方、幸福は「質的」なものであり、他の人が真似ることも嫉妬することもできません。一家団欒《だんらん》は幸福の一つの例です。他ならぬこの子ども、この夫と一緒に食事をし、談笑する瞬間が幸福です。高級レストランで食事をしなくても、**同じ時間を共有できる**ことに意味があります。

あなたにできることは、妹さんが真似ることができない質的な幸福を求めることです。

相談

子育ての不安や心配で毎日憂うつ。楽しく暮らしたいのですが……

物事の悪い面を見て、暗い気持ちにとらわれてしまう自分を変えたいです。一年前に長男を出産後にうつ病になってしまい、非常につらい思いをしました。幸い今は回復しましたが、二度とあのような思いはしたくありません。

しかし私は「うつ病になりやすい人の特徴」がぴたりと当てはまるような性格で、これからもつらい局面を乗り越えられないのではないかと不安です。

物事のとらえ方を変え、明るくカラッと毎日暮らせるようになりたいのですが、今はまた、保育園に入れる予定の息子の身を案じてみたり、二人目を授かったとして自分に育てられるだろうかと考えてみたり、結局悩んでしまっています。

必要以上の不安を感じず、毎日を楽しんで過ごすにはどのようにしたらよいでしょうか。

（32歳・女性・公務員）

お答えします

大丈夫。今日は今日のことだけ考えて生きればいいのです

将来のことを思った時に、**不安にならない人はない**でしょう。

しかし、その不安のために日々の生活が暗いものにならないように、「物事のとらえ方」をどのように変えたらいいかを考えてみましょう。

一つは、息子さんのこと。

保育園に入った息子さんは自分の力で先生とも友だちともうまくやっていけると信じましょう。親といえども、保育園で一緒に過ごすことはできないのですから、必要があれば「何か困ったことがあったらいってね」とだけいっておき、援助を求められたら、できることをすればいいのです。

援助を求められていないのに、親が先回りし、子どもがつまずかないように道にある石をのければ、たしかにつまずいて怪我《けが》をすることはないでしょうが、時には**失敗から学ぶことも必要**です。

次に、まだ起きていないことについては心配しないことです。

明日のことですら、明日になってみないとわかりません。それなら、明日のことは明日になって考えればいいので、今日は今日のことだけを考えて生きればいいのです。

ご長男の時に乗り切られたのですから、お二人目の時も**きっと大丈夫だと考えていい**と思いますよ。

これが物事の「いい面」を見るということです。

相談

若い頃キャバクラのお客さんに嘘をつき、多額のお金を援助してもらっていました。今もその罪悪感が拭いきれず苦しいです

三十歳女性、販売員をしています。過去の自分の悪事の罪悪感で苦しいです。大学生の頃、お金ほしさにキャバクラでバイトを始めました。バイト自体はすぐやめたのですが、ある一人のお客さんと個人的に連絡を取り合い、ブランド物や電化製品などを買ってもらうようになりました。未婚の奥手な人だったので、身体《からだ》の関係は一切ありません。彼に「学費が払えなくて困っている」と嘘をつき、留学費用と現地での生活費（総額四百万円ほど）を現金でもらってしまいました。その後、彼とは意図的にこちらから

連絡を絶ち、逃げるように留学に行ってしまいました。

あれから十年経ち、今は日本でまともに働いています。若い頃甘い蜜を吸ってしまったために、現在、安月給で大変苦労しております。すべては自業自得ですが、時折思い出すと罪悪感で心が折れそうになります。何かアドバイスがあればお伺いしたいです。

（しらたき・販売・30歳・女性・大阪府）

お答えします

率直にいって問題ないと思います。ただ、過去の罪悪感を理由に、今の自分にブレーキをかけていないでしょうか？

率直にいって、相手の方も、あなたに貢《みつ》ぐことをよしと判断されたのですから、問題はないと思います。

道義的なことをいえば、嘘をついたこと、**相手を自分が生きるための手段にしたた**ということには問題があったといえます。しかし、これは今となってはどうすることもできないことです。

気になるのは、時折、罪悪感を伴って思い出される過去の出来事が、今のあなたの人生を縛《しば》り、何か新しいことを始めようとする時のブレーキになっているように見えることです。

かつては大胆な人生を送ってこられたのですから、これからもそんな人生を送ることはできるはずです。今、当時のことで罪悪感を持っているのであれば、人を手段にしないで、**可能な限り自力で生きよう**という決心をすればいいのです。

「見かけの因果律」という言葉をアドラーが使っています。これは、本来、因果関係がないところに因果関係があると見なすことです。

「若い頃甘い蜜を吸ってしまったために、現在、安月給で大変苦労している」ということですが、これは違うでしょうね。自業自得でもありません。過去の経験と今安月給で苦労しているということには何の因果関係もありません。

甘い蜜を吸ったので、つまり、楽をしてお金を得るという経験をしたので、今、仕事があっても薄給であることに満足できないという意味ならわかります。そういう意味であれば、過去にどんな生活をしたかは忘れ、これからは**慎ましく生きていく努力**をすればいいのです。

劣等感は愛情を見えづらくさせる

私は相手の方が、あなたがいわれるように「奥手」だったから身体を求めなかったのではないかもしれないと思うのです。そのような見返りを求めてブランド物を買ったり、電化製品を買ったりする人はいますが、その人はただあなたと一緒にいられることに喜びを感じられたのかもしれません。

ただし、その人があなたの求めに応じて、ブランド物や電化製品を買ったり、学費と生活費を払ったりしたのは、その人の劣等感によるものだと思います。つまり、そういうことをしなければ、あなたの歓心を買えないと思っていたのではないかということです。学費を払えないということが嘘であることもわかっていたかもしれません。

あなたのほうも、無理をいっても聞き入れてくれる人がいることを信じることができなかったのではないでしょうか。

そして、あなたにも彼と同様、劣等感がありました。自分という人間ではなく、身体が目当てなのではないかと考えたということです。

ところが、彼が次々にあなたの求めに応じるのを見て怖くなり、連絡を絶ち、「逃げるように」留学されたのです。

私は彼のあなたへの愛は、あなたに**承認されたいという気持ち**が強い、屈折したものだとは思いますが、それでもこれだけのことをしたから、これだけのことをしてもらって当然だというようなギブ&テイクの愛とはまったく違います。

その意味で、彼は**本当の愛とはどういうことか**をあなたに教えてくださったのかもしれません。

私の人生は回り道ばかりだった

私は人生で挫折したことはありません。

もっと正確な言葉で表現すると、私は、「挫折」という言葉で自分の人生を振り返ったことがない、ということです。

同じ出来事でも、**それを挫折と捉えるか、捉えないか**は人によって違います。

私はそう捉えないのです。

しかし後から考えてみると、世間的には「挫折」という経験はいくつかしてきたのでそれらの話をしたいと思います。

まずは、私の大学院生活です。いろいろ回り道をしたので、私が大学院の博士課程を終えたのは人よりも遅い、三十一歳の時でした。

そもそも、大学院に辿り着くまでにも苦労しました。

自分が学ぶべき「哲学」に到達するまでに、とても時間がかかったからです。

ギリシア語の壁にぶつかる

私は高校生の頃から**哲学を学びたい**と考えていました。倫理社会を教えてくれた先生が、京都帝国大学で哲学を修めた方で、非常にレベルの高い内容の講義を授けてくれたのです。そこで哲学に強く惹《ひ》かれました。そして大学に入り、研究テーマとしたいと思ったのがアレクサンドリアのフィロンという人物です。

アレクサンドリアのフィロンは、紀元一世紀頃、ちょうどイエスと同時代を生きたユダヤ人の思想家です。なぜフィロンの研究をしようとしたかというと、**ギリシア思想と西洋思想の交わり**に興味を抱いたからです。

フィロンが生きていた時代、ユダヤ人はすでにヘブライ語を読めなくなっていました。しかしキリスト教でいう旧約聖書（ユダヤ教では「聖書」）は、もともとヘブライ語で書かれています。つまり、ユダヤ人は当時の聖書を原語で読むことができなくなっていたのです。それでは何を読んでいたかというと、学者たち七十人がヘブライ語の聖書をギリシア語に翻訳した「七十人訳聖書」です。

ところが、ヘブライ語とギリシア語はまったく性質の異なる言語なので、翻訳された時にギリシア哲学の概念がたくさん入り込んだのです。言い換えるなら、その頃にユダヤ思想とギリシア思想が交わったということです。私はとても興味深いと感じ、研究したいと考えました。とはいえ、それは無謀な挑戦でした。なぜなら、その時の私は、ギリシア語もヘブライ語も読めなかったからです。研究しようとしたものの手も足も出ない。「さて、どうしたものか」と思い悩んでいた矢先に、ある先生に出会うことになります。

「回り道」の始まりになった師との出会い

この**先生との出会いは素晴らしいもの**でした。と、同時に私の「回り道」の始まりにもなります。ある時、大学の片隅で本を読んでいました。日本におけるギリシア哲学の碩学《せきがく》、田中美知太郎先生の『哲学入門』という本です。そこへ、たまたまサークルの後輩が通りがかり「何を読んでいるんですか」とたずねられたので、その本を手渡しました。すると後輩は巻末の解説に目を留めて、「この解説を書いている森進一（哲学者、小説家。関西医科大学名誉教授）という先生は私の父が教えている大学の同僚で、友人です」といいました。

今考えると、あの時、「あ、そうなんだ」ですませていたら、**今の私はなかった**でしょう。

私はその先生をぜひ紹介してほしい、と後輩に頼みました。話はうまい具合に進み、その日の晩に後輩のお父さまから電話がかかってきて「そういうことなら紹介しよう。家で読書会を開いているようだから、そこに参加できるよう掛け合ってみよう」とおっしゃってくださった。そして、その電話の一週間後には、森進一先生の書斎のソファにすわっていました。

森先生は「哲学というのは、言葉も概念もギリシアのものだから、ギリシア哲学から学ばないと意味がない。今後、どんな哲学を修めるにしても、ギリシア哲学の素地は必ず必要になるから」と話されました。

それはつまり、覚悟を決めてギリシア語の勉強に真剣に取り組まなければならないということ。その時、私は大学の三回生でしたが、アルファ、ベータ、ガンマ……と一からギリシア語を学び始めました。並行して、件《くだん》の読書会にも参加するようになりました。この読書会には長年、毎週通うことになります。

当時、**ギリシア語を一から学び直します**、と先生に話したところ、「たぶん卒業が一年遅れることになる」といわれました。そうしなければ、大学院に進めるレベルのギリシア語は身に付かないと。私は、ギリシア語をしっかりと学びたいと思っていたので、それでも全然構わないと、まったく迷いはありませんでした。ただ、結果的に大学には五年間通いました。こういった回り道を「挫折」と呼ぶ人もいるかもしれません。

大学で学ぶだけが哲学ではない

森先生の家に通って、ギリシア語だけでなく、もちろん哲学を学び、人生も学びました。その読書会は同世代の若者だけでなく、年配の人もいましたし、バックグラウンドも多彩で、私のように哲学を志す人もいれば、医大生もいたり、現役の医師もいました。医師は日々の仕事で忙殺されているはずなのに、きっちり予習をしてくる。私はプロの研究者を目指していたのに、まったく敵《かな》わない優秀な人たちがたくさんいました。私は予習のノートをきっちりと作ってから参加しないととても追い付かなかったのに、まったくノートを見ないでギリシア語のテキストをすらすら訳してしまうような医師がいたりと、強い刺激を受けました。

そこに集う人たちは単に**レベルが高い**ということだけでなく、私に学ぶということの本質を教えてくれました。その読書会は、アカデミズムの世界ではなかったことも大きかったと思います。

私は哲学の研究者志望でしたが、他の参加者には社会人として、プロとしてすでに活躍している人も多く、そういう人たちが真剣にギリシア語や哲学を学ぶ姿に衝撃を受けたのです。

そもそも哲学の原義は「知を愛する」ということです。哲学は決して大学で、専門家だけが学ぶものではなく、**いろいろな人がいろいろな形で学び、実践していく**ものです。本来の哲学の姿を知ることで、その後の自分の哲学に対する取り組み方は確実に変わりました。

そして大学を卒業後、大学院の試験を受けましたが一度失敗しました。

これも、挫折といえば挫折です。修士課程に入るための試験が難しかったのです。ギリシア語の試験もあって、英語やドイツ語といった近代語と同レベルの知識を問う内容でした。ギリシア語が大量に書かれた紙を渡され、それを辞書なしで時間内に訳さなければなりませんでした。ギリシア語は必死に勉強したので、短期間でそれなりのレベルに到達していた自負はあったのですが、それでも一度目は失敗しました。

そして大学院に何とか進んでからも、足踏みします。私が師事した藤澤令夫先生（哲学者。京都大学名誉教授）は、一般的な修士課程の二年間で修了させることがほとんどなかった。三～四年かかるのは珍しくありませんでした。私は三年かかりました。

先生は、直接の論文指導はしませんでした。何をテーマに選んでもよかったが、何を書いても落とされるといってもいいくらいでした。

このように、なかなか思うように進めなかった研究者としての初期段階でしたが、回り道をしたおかげで、**ギリシア哲学という王道**に辿り着くことができました。人から見ると**挫折だらけの道のり**だったとしても、私にとっては幸福な結果に繋《つな》がったと感じています。

母の病が教えてくれたこと

さらに付け加えると、同時期にプライベートでも挫折と呼べる体験がありました。大学院に入った直後に、母が脳梗塞《のうこうそく》で倒れてしまったのです。私と父が母を看《み》ることになりました。昼間は父は仕事がありますから、父と交代で十八時から零時を除いて一日、十八時間母の病床にいました。そのため半年ほど大学院に通うことができませんでした。

この時は、焦《あせ》りました。自分が母の看病をしている一方で、一緒に大学院に進んだ仲間たちはどんどん勉強を進めているわけですから。ベッドに横たわる母のかたわらで、必死にギリシア語のテキストを読んでいました。

母親の看病という経験は、私にとって大きなターニングポイントでした。この経験がなければ、私はそのまま哲学の研究者になっていたことでしょう。

私は母の病床のかたわらで三カ月間過ごして、人生の意味や幸福について真剣に考え続けました。もちろん、それこそ、プラトン哲学のテーマであり、本を読み学んでいたはずなのです。しかし、目の前でどんどん衰弱していく母と過ごすことで、知識としてではなく、自分自身の生き方として、人生の意味について真剣に考えないわけにいかなくなりました。母は次第に意識をなくしていき、とうとう昏睡状態になりました。

その姿を見て、人間の生きる意味とは何か、それでも生きなければならない人間とは、いったいどんな存在なのかを真剣に考える日々を過ごしました。

その中で気づいたのは、**名誉心や野心は人生の最後にはまったく意味をなさない**

ということです。哲学を志した段階で金儲けは諦めていましたが、私には「研究者として成功したい」という野心がまだありました。しかし、母の側《そば》で過ごすことで、「はたしてそれが哲学を志す本当の意味なのか？」と疑問を抱くようになったのです。先ほど書いた、森先生の読書会での経験も反映されているのですが、森先生が大学で教鞭《きょうべん》をとる一方で小説家でもあったように、研究だけの人生を送りたくないと思い始めたのです。

また大学教授になりたい、という名誉心にとらわれていた自分にも気づかされ、もっと純粋に哲学を学びたいという意識が高まっていきました。

入院から三カ月後、母は亡くなりました。母の遺体とともに帰宅した時、私の人生はゴトリと大きな音を立てて、それまで**目指していた人生のレール**から外れたように感じました。

もちろん、素晴らしい先生方や優秀な仲間たちに囲まれて過ごした大学院生活は、非常に有意義だったと思います。しかし、人生は大学だけにあるわけではありません。研究者として終わってはいけないとも考えるようになりました。そうして私は、大学の外に出ることになります。そういう伏線があって、後にアドラー心理学に出会うことになるのです。

子育てに悩みアドラーと出会う

一八七〇年に生まれたオーストリアの精神科医であるアルフレッド・アドラーと出会ったのは、子育てがきっかけでした。大学院の博士課程在学中だった三十歳の時に子どもが生まれたのです。

当時、妻は常勤職に就いていたので議論をするまでもなく、私が**保育園の送り迎え**などを担当することになりました。子どもと長い時間過ごすようになって、いろいろと悩みが出てきました。何をするのも試行錯誤しているような状態でしたし。そんな折に、ある友人から「アドラー心理学が参考になるかもしれない」と助言されたのです。

いろいろ調べていくと、アドラーはアカデミズムの世界から離れたところで生きた人だとわかった。彼はウィーン大学の教授になるべく論文を送るのですが、却下されているのです。どこか自分の姿に重なるような気がしました。

何より共感したのは、**アドラーは基本的にずっと、一人の医師として生涯を送ったこと**です。それも、治療費を払えないような貧しい人たちが住む地域で、臨床に専念していました。

だから彼の語っていることは、単に理論や思想だけに留まらず、非常に実践的です。さらに、すぐに生き方が変わってしまうほどの力強さも備えています。しかし、当時の日本ではあまり注目されておらず、研究している人もほとんどいませんでした。それで、私がやるしかないとアドラー心理学を研究するようになったのです。

とはいえ、私の中では、それまでの自分の研究と意識的な断絶はなく、哲学の流れの中にアドラーを捉えていました。だから、私にとってアドラーは、**心理学者というより哲学者**です。この認識は今でも変わりません。『嫌われる勇気』のなかでも、私はアドラーを「哲学者」として紹介しています。

フロイトやユングといった近代心理学の先達と違ってアドラーが知られていないのは、端的にいうと大学ではほとんど教えられていなかったからです。大学で心理学を専攻している学生すら、アドラーは名前しか知らないという人はたくさんいました。

そういった状況の中一九八九年、三十三歳の頃からアドラーの研究を始めました。最初は、アドラーの著作を原典で読みつつ子育てをしながら学んでいましたが、やがてアドラー心理学のカウンセラー資格を取りました。

普段は大学の非常勤講師をしながら、もともとの専門であるギリシア哲学の研究と並行してアドラー心理学の研究をするという生活を送る中、四十歳になり、ようやく常勤の仕事に就くことになりました。精神科医院に**カウンセラーとして勤める**ことになったのです。

ずいぶん遅い就職だったのですが、私はそこを三年で辞めることになります。

退職、そして『嫌われる勇気』執筆へ

医院での仕事は、激務で体調を崩してしまったのです。

一日十二時間働いても、まだまだ仕事があるような状態でした。しかし、医院で必要とされているという自負はありました。

大きな病院で精密検査を受けたのですが、原因不明だといわれました。過労やストレスが重なっていたのでしょう。それでも体調が回復してきたので、私は職場に戻りました。そんな折、今度は階段を踏み外して足を捻挫してしまい、三週間休むことを余儀なくされました。

この時、私は挫折というか、大きなショックを受けることになりました。それは、**私がいなくても、医院はちゃんと回っていた**ということです。患者さんのことにしろ、医院運営のことにしろ、何でも精通している自分がいなければ医院は成り立たないという自負があったのに、実際はそんなことはなかった。

冷静に考えれば、当たり前のことなのですが、その時は自分の拠《よ》り所になっていた仕事だったので、大きな喪失感がありました。しかし、この時医院を辞めたことで『アドラー心理学入門』を執筆することができたのです。

一九九九年三月で退職したのですが、その年の二月にＫＫベストセラーズの編集者だった寺口雅彦さんから「アドラー心理学に関する本を書いてくれないか」と打診されたのです。当時、日本ではアドラー心理学があまり知られていないので、入門書をぜひウチから刊行したいと、説得されました。先見の明のある人だったわけです。

もしもあのまま医院でカウンセリングを続けていたら、とても執筆の時間なんて取れなかったでしょう。『アドラー心理学入門』はありがたいことに版を重ねて、今でもロングセラーとして売れ続けています。ですから、**病気も怪我も退職も、結果的にはよかった**のです。

さらにいうと『アドラー心理学入門』をライターの古賀史健さんが読んで、のちの『嫌われる勇気』へ繋がっていきました。

ただ、そこに至るまでにはまだまだいろいろありました。『アドラー心理学入門』を契機に、翻訳だけでなく、研究や講師の仕事をしながら執筆活動を続けていたのですが、五十歳の時、心筋梗塞で倒れてしまいました。

当時の私は、心筋梗塞は七十代、八十代でかかる病気だと思い込んでいましたから、五十歳で発症したのは予想外でした。しかし、母が脳梗塞で亡くなったのは、四十九歳。私と母は誕生日が同じなのですが、そんな自分が、母が迎えられなかった五十代に入って早々に心筋梗塞を起こしたことで「ああ、母と同じように長生きできないのか」としみじみと考えました。誰でも同じでしょうが、自分はもっと長生きするつもりでいましたから、**こんなに若く死ぬ**ことを残念に思いました。

幸い、一命をとりとめたのですが、私が主治医にお願いしたのは「どれだけ病気が重くて、一歩も外を出歩けないようになっても本を書けるくらいには回復させてほしい」ということでした。

自分にとって何がいちばん大切なのかということを、病気が私にはっきりと教えてくれたのです。

だから、私は退院してから、本当にたくさんの本を書きました。今も毎年、四〜五冊は書いています。ベストセラーになった『嫌われる勇気』も、そうした執筆を続ける過程で辿り着いたタイトルに他なりません。

挫折体験は幸せになる「チャンス」

こうやって振り返ると、運命的なストーリーのように見えるかもしれませんが、私が今の自分に辿り着けたのは、**自分の使命に忠実に従った結果**だと考えています。

アドラーという偉大な先達を、世に広く伝えることが私の使命であり、これは他の人にはできないことだという自負が私を支えてくれました。

私は「成功すること」を目的に、アドラーを手がけてきたわけではありません。自分がやらなければならないことだと考えて粛々と研究、執筆を続けてきたのです。アドラーブームを作ったなどといわれることも多いのですが、それは単なる結果でしかありません。仮にブレイクしていなかったとしても、私はそれまでと変わらず自分の仕事を続けていたでしょう。

私にとって、**成功というのはあまり意味がない**のです。成功は一般的なものであり、その気になれば誰にでも模倣できるのです。

私が目指しているのは成功ではなく、幸福です。幸福は誰にも真似られないものです。多くの本を書く中で、プラトンの対話篇を翻訳したことは私にとって幸福ですが、誰もうらやましいとは思わないでしょう。それでいいのです。幸福は一般的なものではなく、あくまで個人的で、誰のものでもない独自のものです。

今回、「挫折」というテーマをいただいたのですが、どうも私の話は歯切れが悪いでしょう？　それは私が、自分だけの、他の人が追随できない幸福を目指してきたからです。私の体験を一般化しても大して意味を成しませんし、成功という軸で自分の人生を見ていないから、それと対になる「挫折」とか「失敗」という概念にも頓着《とんちゃく》していないのです。世間的には挫折と見なされるような体験がたくさんあったのかもしれませんが、すべてチャンスだったと思っているのです。

ただ、一つ確実にいえることは、**幸福になるために、いわゆる挫折体験は絶対に必要**です。生きていく上で感じる苦しみや挫折感は、鳥が空を飛ぶために必要な空気抵抗のようなものです。

鳥は真空のなかでは、飛ぶことはできません。空気抵抗があるから、鳥はその羽で空気を摑んで空に飛び立つことが可能になるのです。

そう考えると、やはりあらゆる挫折は幸せになるためのチャンスなのかもしれません。

第2章

自分の課題・他人の課題

これからの人生をどう生きるか
——十代のあなたたちへ

本章は、2017年9月29日に洛南高校・同附属中学校にて、在学生に向けた講演「これからの人生をどう生きるか〜才能を人のために活かすということ」の全文掲載です。

今日は、自分が高校生だった時のことを思い出しながら卒業生の一人として、人が大人になるとは一体どういうことなのかという話をしたいと思っています。

私自身が、自分が大人になったと感じたのは高校二年生の時でした。きっかけは、倫理社会の授業で先生から自分が**一人の人間として対等に見てもらっている**とわかったことです。その前の年廊下を歩いていたら、向こうから先生が歩いてこられた。当時、私は十六歳で、先生は七十歳を超えておられました。

先生とすれ違う時は、会釈《えしゃく》しますね。私がその時何となく頭を下げたら、はっきりと足を止めて、深々と頭を下げてくださった。その時の印象が残っていて、何を教えている先生なのだろうとずっと思っていました。一年経ってその先生が倫理社会の先生だとわかりました。

先生の授業は**高校生だからといってレベルを下げるものではありません**でした。教科書には太い文字でキーワードが書かれています。そういう言葉については、可能な限り、英語、ドイツ語、フランス語、ラテン語、ギリシア語で黒板にきちんと書いてくださる。教科書の中に「我はアルファなり、オメガなり」という言葉が出てきました。私は一瞬、顔をしかめて、どういうことだろうと思いました。すると、その先生、蒲池先生は、「大丈夫。きちんと説明する」といって、二枚のプリントを配られました。一枚は古代ギリシア語のプリントでした。アルファ、オメガはギリシア語のアルファベットの読み方です。そのアルファベットの一覧表を配ってくださり、発音の仕方を説明されました。二枚目には、新約聖書の『ヨハネ福音書』の一節がギリシア語で書かれていました。それをもとに、発音だけでなくギリシア語の初歩的な解説を受けました。それが、私が古代ギリシア語に接した最初の経験でした。今から思えば、その時から自分の哲学者としての人生が始まったのであり、やがて私は哲学を勉強するようになりました。

私は自分のことをまだ子どもだと思っていたのですが、その先生に**対等の人間として見てもらえている**とわかった時に、自分を大人といっていいのかなという意識が芽生え始めました。高校生だからというのは、世間的にはいろいろな意味での言い訳になります。社会は大人とは見ていない。進学校に入学してしまったのですから、受験のために時間とエネルギーを費やすのももちろん大切です。しかし、それに加えて、もっと大事なことを高校時代に学びたいと思って、一生懸命勉強したのを今、思い出しました。

自分の課題は自分で決める

さて、ただ歳を重ねたら大人になれるわけではありません。大人になるために三つの条件があります。

大人になるための一番最初の条件は、**自分が決めなければならないことを自分で決められる**ということです。

私の家は校区のもっとも外れにありました。小学校から子どもの足で三十分ほどかかります。そんなところに住んでいたので、一度帰宅したら、次の朝、学校に行くまでは二度と外には出ない。そんな生活でした。

ある日、小学校の友だちから電話がありました。「これから遊びにこないか」という内容でした。私はこんなことを自分で決めてはいけないと思ったので、近くにいた母に「これから友だちのところへ遊びに行っていい?」とたずねました。すると、母は「そういうことは自分で決めていい」と答えました。そうか、こういうことは自分で決めていいのだと私は驚きました。これから遊びに行くかどうか決めるのは自分です。自分のことは自分しか決められないのに、判断を親に求めていたということに、その時気づきました。大人になるというのは、自分で決めなければならないことは、自分で決めることだと思い当たりました。

私は自分で決めることを「課題」という言葉でいつも説明しています。定義するとこうなります。あることの**最終的な結末が誰にふりかかるか**、あるいは、あることの最終的な責任を誰が引き受けなければならないか考えた時に、そのあることが誰の課題であるかがわかります。

一番簡単な例として、勉強する、しないは一体誰の課題なのか。勉強は親の課題だと勘違いをしている人は多く、そういう親は子どもが勉強しなければ「勉強しなさい」といいます。これは本来的にはいってはいけませんし、いえないのです。なぜかというと、**勉強する、しないは子どもの課題であって、親の課題ではない**からです。こんなことを説明しなければならないくらい、親は子どもの課題に口出しをしています。

対人関係のトラブルは、他人の課題に土足で踏み込む、あるいは踏み込まれることから起こります。想像してみてください。もしも、皆さんがあまり勉強していないなと思っているのに、いきなり「勉強しなさい」といわれたら、嫌な感じになるでしょう。それは、自分でも勉強しないといけない、勉強するべきだと思っているのに、それを他ならぬあなたにいってほしくないという感じですね。そんなことはいわれなくてもわかっているのに、親や先生から「勉強しなさい」といわれたら嫌な気持ちになります。ですから、私は、親には「勉強しなさい」とはいわないようにと話します。

勉強する、しないは子ども自身の課題だから、親や先生からいわれるまでもなく、自分で自分の課題として取り組むしかないと考えてください。

私には今三十歳の息子がいます。彼は公立の中学校に進学し、ある高校を受験しました。その学校は高校から入るのは難しかったのですが、その全寮制の中高一貫校に合格してしまいました。その学校に入るか、入らないかは子どもの課題ですから、この学校に行きなさいと親が決めることはできません。ですから、私は**子どもの意思を尊重したい**と思いました。

子どもは一生懸命、寮のパンフレットを見ていました。すると突然「この学校に行くの、やめるわ」といいました。そんなに簡単に受かる学校ではないので、「何で、やめるの」とたずねました。そのパンフレットに夜の生活時間表が書いてあって、「強制自習」と書いてあったのです。「強制自習などあり得ないだろう、自習は自分ですることなのに、自習を強制するような学校には行きたくない」といいました。それで、あっさりその学校に入学するのをやめてしまいました。

息子は、それまでもその後も、自分で自分がするべきことをきちんと判断できる子どもだったので、私は一度も子どもに「勉強しなさい」といったことはありません。子どもに勉強しなさいといわなくてよければ本当に楽です。

一方、見方を変えると、子どもの側からすれば、勉強しなさいといわれているほうが、ある意味、楽かもしれません。外からの働きかけがまったくないところで勉強しなければならないのは、難しいことと考えている人は多いかもしれません。しかし、**自分の課題は自分で決めるしかない**ということがわかるのが大人になるということの条件です。

母校の卒業生が私のところに相談にこられたことがありました。何年か前、洛南中、洛南高出身なので先輩である先生と一度話をしたい、と突然メールがきたことがあります。そのメールを読んでいたら会ってみたいと思いました。私はいつも忙しくて、個人的に人と会う時間があまりないのですが、卒業生ということもあって会いました。

彼は四月にある会社に入社しました。ところが、五月にその会社を辞めて、東京から京都に戻ってきました。その状況で私のところにやってきました。当然、なぜ辞めたのかたずねたのですが、その前に彼が自己紹介をしました。

普通、自己紹介を求められたらどんな話をしますか。私は、彼がどんなことに興味があるのか、どんな本を最近読んだとか、どんな音楽が好きとかそういう話をしてくれるのかと思っていました。そうしたら、いきなり姿勢を正して、履歴書を読みあげるようなことをいったので、私は驚きました。

なぜ、五月に辞めたのか。彼はその会社に入ることをおそらく自分で決めたのではありません。その会社に入るにあたって、何となく入った。皆さんの中にも、洛南中学校、高校に**めぐり合わせで入った**という人がいるかもしれません。彼は幸い、成績がよかったので高校にも進学し、高校でも成績がよかったので、京都大学に入学しました。その後、自分でも何がしたいかよくわからないままに先輩の引きがあって、ある企業に就職しました。

四月に入社したところまではよかったのです。ところが、二つのことがありました。一つは、飛び込みで営業をさせられたことです。上司から、契約を取ってこいといわれたのです。上司も実際にできると期待して命じたわけではなかったのでしょう。苦労する、大変な思いをすることが大事だということで、よく企業でやらされることです。

彼は、それまで秀才でエリートだったが、契約を取れなかった。それが彼にとって**人生初の挫折**で、それがショックだったようです。そういう経験は、普通は、大学に入るまでに何度も繰り返しているはずなのですが、秀才だった彼は失敗したことにショックを受けたと話をしてくれました。

もう一つは、**上司や先輩を見ていたら少しも幸せそうではなかった**というのです。これは後の話に関係するので、頭の隅に置いておいてください。上司や先輩の働きぶりを見ていても、少しも幸せそうではない、だから辞めたということでした。なぜ、幸せそうではないと見えたのか。それは考えなければなりません。

こんなことがあって、彼は五月早々に退職し京都に舞い戻ってきました。その後、彼は別の仕事を自分自身で決めて、自分自身の人生を歩み始めています。

自分の課題なのに、何となく流されてしまって自分で決められないのであれば、どれだけ歳を重ねていても大人だとはいえません。自分の課題は自分で決めるというのが、大人になるための一つ目の話です。

自分の価値は自分で決める

大人になるための、二つ目の話に移ります。

自分の価値を自分で決められるということです。アドラーがこんなことをいっています。「自分に価値があると思える時にだけ、勇気を持てる」と。この話をすると、自分に価値がないと思っている人が多いことがわかります。自分はたいした人間じゃない、取るに足らない人間だと、自分について否定的な見方をする人が多い。カウンセリングに来られる人はほとんどそうです。自分に価値があるとしたら、そんな自分のことを好きです。自信に満ちあふれている人、**自信がみなぎっている人は、自分のことが好き**です。

ところが、カウンセリングで「自分に価値があると思いますか」「自分のことが好きですか」とたずねると、ほとんどの人は「どちらかというと好きではない」、それどころか、「大嫌いだ」という答えが返ってきます。「自分のことが好きですか」とたずねた時、両手を上げて大きな声で「大好きです」といわれるのは、大阪の元気なおばさまたちだけです。自分を好きだといえる人というのは、本当に少ないのです。

なぜ、自分に価値があると思わなければならないかといえば、たとえこんな自分は嫌だと思っても**パソコンやスマホのように自分という道具は買い替えることができない**からです。どんなに癖があっても、この自分と縁を切ることはできません。私という道具を買い替え、置き換えることはできないのです。そういう自分に価値がないとか、自分を好きでないと思う人は幸せになれません。自分に価値があると思えなければ幸せになれない。なぜかという話は後でします。

結果と向き合う勇気を持つ

アドラーは「自分に価値があると思える時にだけ、勇気を持てる」といいました。では何の勇気なのか。この勇気には二つの意味があります。一つは、**課題に取り組む勇気**です。さしあたって、皆さんの課題は勉強です。勉強という課題に取り組む勇気を持たなければなりません。なぜ勉強することに勇気が要るのでしょうか。

試験でいつもいい点数が取れ、志望の大学にもやすやすと入れるという人がいれば、そのような人は悩まずにすむでしょう。しかし、結果を出すことを怖がる人がいます。皆さんはたぶんいわれたことはないとは思いますが、親はこういう言い方をするのです。「あなたは、本当は頭のいい子だから、本気を出して勉強したらいい成績が取れるんやで」と。そういわれた時、自信のある人であれば勉強します。でも、「たぶん頑張ってもだめだろう。いい成績が取れるわけがない」と思っている人は、勉強しません。

なぜかというと、もしも、本気を出して勉強したらという可能性の中に生きるほうが、できないという現実に直面するより、楽だと考えるからです。ですから、親や周囲から「あなたは、本当は頭のいい子だから、本気を出して勉強したらいい成績が取れる」といわれているのに、勉強しない人がいたら、それは**自分の課題に取り組む勇気がない**からです。

つまり現実を思い知ることを恐れているのです。でも、現実は現実です。試験の結果がどんなに悪くても、足りないところを自分でチェックし、今回よりもいい成績を取る努力をするしかない。そういう自分の現実を見据える。自分の今の置かれている現実から出発するという勇気を持たないといけないと思います。

どんなことでもたやすいことはありません。人生には入学試験どころではない、もっともっと大変な困難が待ち受けています。自分の課題はそんなに簡単には達成できません。でも、容易に達成できなくても、努力して成し遂げた時の達成感が生きる喜びにつながる。だから、何とかして、自分が課題に取り組む勇気を持ってほしいのです。

あらゆる悩みは対人関係の悩み

もう一つが、**対人関係の中に入っていく勇気**です。なぜそのことに勇気が要るのか。人との関係の中では、まず間違いなく摩擦が生じるからです。皆さんの中には、友だちが多い人もいるでしょう。でも、友だちと関わればいいことばかりではない。周囲の人はいい人ばかりではありません。時に、すごく嫌なことをいう人がいます。人から**嫌われたり、裏切られたり憎まれたりする経験**を避けるわけにはいきません。好きな人がいても自分の気持ちを告白することができません。

私の学生時代は、男子校だったので好きな人がいても学内で見かけることはありませんでした。例えば、同じクラスに好きな人がいる。その人に自分の思いを告白した時、「私もあなたのことが大好きです」といわれたら、話は簡単でこれほど嬉しいことはありません。でも、女性は残酷なことをいうことがありますね。「あなたを男として意識したことはない」とか「お友だちから始めましょう」とか。これは婉曲《えんきょく》な断りです。そんなことをいわれて傷つくくらいだったら、好きな人がいても告白しないでおこうと考える人がいてもおかしくありません。

このように対人関係は煩わしいものです。アドラーは「あらゆる悩みは対人関係の悩みだ」といっています。対人関係以外の悩みはないとまで言い切っています。これに異論を唱える人は多いのですが、考えてみると自分の悩みは対人関係以外のものはないといっても、私は間違いないと思います。ですから、対人関係を恐れ、人から傷つけられるのを恐れている若い人が、学校でいじめられているということを理由に学校に行かなくなっても、不思議なことではありません。一番簡単なのは、誰とも関わらないでおこうという決心をすることです。

他方、生きる喜びや幸福は対人関係の中でこそ、得ることができるのです。皆さんは、最近、生きていてよかったと感じることはありますか。生きる喜びも、**幸福であるという感覚**も対人関係の中でしか得ることができません。やがて、皆さんも結婚しようと思われるでしょう。長く付き合っていると、そろそろ結婚したい、結婚しなければと考え始めます。長く付き合っているだけでもよさそうなのに、なぜ結婚しようという決心を固めるのか。この人とだったら、きっと幸福になれると確信したからこそ、結婚しようという決心ができるのです。この人と結婚しても幸福になれないと思っている間は、決して結婚しようとは思わないでしょう。少なくとも、この決心が数年後に大きな誤りであるとわかるとしても、その時点では、この人との関係の中で自分は幸福になれると思っているはずです。

人が生きる喜びを感じるとか、自分が幸せであると確信できるためには、対人関係の中に入っていかなければならない。でも、対人関係には悩みもまた多い。何とかして幸福になるためには、**対人関係の中に入っていく勇気**を持たなければなりません。ところが、自分なんかたいした人間ではない、取るに足らない人間だと思っている人は対人関係の中に入る勇気を持っていない。本当は、これは逆なのです。対人関係の中に入って傷つくくらいだったら人との交わりを避けようと思うために、自分に価値があると思ってはいけないのです。

若い人の直面している問題に引きつけていえば、自分はこの自分を好きでもないのにどうして、他の人が自分を好きになってくれるであろうかと思う。そう思い込むことで、好きな人ができても相手に思いを打ち明けることはしません。そうういう人に、何とかして自分に価値を見出してもらう援助をしていかなければなりません。

人との関係に入っていく勇気、さらに自分が直面している課題に取り組む勇気を持てるためには、自分に価値があると思えないといけない。この時大事なのは、その**自分に価値を見出すのは自分自身だ**ということです。他の人が自分の価値を見出すことは、本来的にはありえないことです。自分が他の人にどう思われるか、どう評価されるかということとは関係なしに、自分で自分に価値があると思えるということが、大人になるための二番目の条件です。

評価と価値を切り離して考える

ところが、ほとんどの人が小さい時からほめられて育ってきている。皆さんもいい成績を取ってほめられてきている。悪いことをわざわざする人はそれほど多くないかもしれない。でも「えらいね、すごいね」と小さい時からいわれ続けて大きくなった人は、**何をしても他者から承認されないと気がすまない**のです。自分のしたことに対して、誰かが正当な評価をし、それに対して、場合によってはほめるという形で承認する。それがないと、自分では自分の価値を見出せないので、人の評価に依存した生き方をする人が多い。でも人からの評価と自分の自分自身に対する評価、自分の価値、本質というものは違います。

例えば、日常生活のなかで「あなたは嫌な人ね」といわれたことはないですか。「嫌な人ね」といわれたら落ち込みますが、その人がそういったからといって、その評価の言葉で、自分の価値や本質が下がるわけではない。逆に「あなたってすごくいい人ね」といわれたら、舞い上がる。好きな人にいわれでもしたら、天にも昇る気持ちで舞い上がってしまうでしょう。でも、それはその人の自分に対する評価であって、その言葉で自分の価値が高くなるというわけではないということを知っておかなければなりません。評価と価値はまったく違うと知っておく必要があります。

大学受験に成功し、就職も自分の思うところに行くことができて、その後も順風満帆で、成功し続ければいいのかもしれませんが、そんな人はなかなかいないでしょう。私の友人にも就職試験で二十社、三十社と落ち続けた人がいます。でも、そういう人に対して、それはある**会社のあなたに対する評価であって、価値とはまったく関係がない**ということをきっちりと教えなければならない。そう私は考えます。

評価と価値を切り離して考え、自分の価値を自分で決めるというのは、人が成熟していく上で、欠かせないとても大切なことなのです。

one of themとして生きる

本当の意味で成熟した大人になるために、三つ目の話をします。

私たちは、先ほど対人関係の話から始めましたが、決して一人で生きているわけではありません。幸福になろうと思っても、一人で幸福にはなれません。人は**他者とのつながりの中で生きている**からです。実際は、人との関係を断って生きることはできません。今となっては覚えていないでしょうが、生まれてからかなり長い間は、親の保護なしには片時も生きることはできなかったはずです。

子どもが生まれたら親は子どもの世話をしなければいけません。子どものほうも、自分で自分のことができるかというと、多くのことはできません。親に頼って生きるしかありません。これは自分で課題を決めるという話と関係しますが、親がいつまでも「この子はまだこんなことも自力ではできない」と思ってしまい、子どもを小さい時のままで扱うと、そんなふうに育てられた子どもは、やがて大きくなっても、他の人が自分に何かをしてくれることを当然だと思うようになります。自分が他の人に何かをしようということをまったく考えられない人になってしまう。誰か好きな人ができても、この人は一体私に何をしてくれるだろうかということばかり気になる。自分が期待するようなことをしてくれなかったら、失望しがっかりする。

つまり、してもらうことばかり考える人が多いです。小さい時から親に愛されてきたので、それが当然だと思っている人に、是非いいたいのは、いつまでも**自分が他の人から愛されることばかり考えていてはいけない**ということです。人から与えられるだけでなく、人に自分が与えていける人になってほしいと強く思います。

大人になるための三つ目の条件は、自己中心的な考え方から脱却するということです。私たちは人との関係で生きています。

講演をする時いつも感じることですが、最初、こういうところに立つと、誰一人知っている人がいません。一時的な集まり、共同体で、長くは続かないかもしれない。講演会が終われば一生会わない人がほとんどです。自分がここにいることを許され、そういう束の間の共同体であっても、**自分がここの一員であると感じられる**ことは大事なことです。しかし、自分がその共同体の中心にいるわけではないのです。

one of them という言い方をします。私たちはたくさんの中の一人でしかありません。ですが、大人になりきれない人というのは、人から与えられることを当然だと思っています。そういう人は、自分が絶えず注目の中心にいないといけません。家庭もそうですが、どんな共同体の中にあっても、自分がその中心にいなければいけないと考える人があまりにも多い。そういう未熟な考え方から脱却しなければいけないのです。

厳しいようですが、そういう人は**自分の価値を自分で見出せない**ことが多いです。ではどうしたら自分で自分の価値を見出せるのか。今の話がヒントになります。他の人は自分のために生きているのではない、自分は共同体の中心にいるのではないと理解すること。そして、自分は他の人から助けられて生きているが、同時にまた自分が他の人に何かできることがないかと考え、実際に身をもって他の人に何かできることをしていけば、貢献感を持つことができる。その時初めて自分に価値があると思えます。そして、それは他の人から好評価を受けることにも繋《つな》がるのです。

アドラーは先ほどの「自分に価値があると思える時にだけ、勇気を持てる」に続いてこういっています。どういう時に自分に価値があると思えるか。自分が他の人の役に立っていると感じられる時だといっているのです。自分が役立たずではなくて、**誰かの役に立てている、貢献している**と感じられる時に自分に価値があると思える。自分に価値があると思えるようになるためには、まずは自分ができることを他者にしていかなければなりません。

自分が他者に貢献できることをしていけば、他の人から承認されなくても、自分に価値があると実感できるはずです。皆さんの中にはいろいろな立場の人がいるでしょう。例えば、勉強がよくできるとしたら、その才能を他者に貢献するために使わなければならない。勉強ができる子どもによくある話では、進学について考える時、東大に行くか、京大に行くか、医学部に行くかという話題になるそうです。一生懸命勉強して大学に進学したり、医師になることとは大事なことです。

しかし、自分のためにだけそうするのであってはいけない。自分がそれだけの力を持っているのであれば、その才能を他の人に使ってほしい。他の人に自分の能力を使うと思えればこそ、勉強が苦しくてつらくてやめようと思っても、耐えることはきっとできると思っています。

自分が他者に何ができるか考えられるようになるということは、**自分が大人になれる**、あるいは自分が大人であるということの三つ目の条件です。自己中心的な考え方に陥ってはならないということです。この三つがクリアできるのが大人になる過程と考えてほしい。

生きているだけで価値があると思えるか

他の人のために貢献しようというと、どうしても何ができるのか、と行為で測るようなイメージで伝わってしまうのではないか。そうではないということを、特に若い読者へどう伝えればいいのか、迷いながら今日はここへきました。

これまで自分に価値があるということをまず話しました。自分に価値があると思えるためには、他者に貢献しなければいけないという話をしました。貢献するということの例として、勉強ができ、才能があるなら、その力を人のために使ってほしいという話をしました。

しかし、**人間の価値、貢献するということは、決してそのような才能や力だけで測られるものではない**ということを是非知っておいてほしいのです。今皆さんはそれぞれの環境の中で世の中のためにできることがあり、貢献できる立場にあるのかもしれません。でもこの世の中にはいろんな人がいるということも、今から知っておいてほしい。自分さえよければいいとか、自分が得をしたらいいということではない。自分は与えられた力を活かせるのだけれど、この世の中には、

何かをするということで貢献できない人がいるということを知っておいてほしいと思います。

私は、ある精神科の診療所で働いていたことがあります。一年間、週に一度だけ働いていました。診療所には毎日、六十人くらいの患者さんがやってくる。私が行っていた日は、皆で料理を作ることになっていました。朝、診療所へ行くと、スタッフが患者さんたちに、例えば、今日はカレーライスを作るという宣言をします。その後、一緒に買い物に行く人を募ります。すると、五人くらいが一緒に行きます。五人で六十人分の食材を買う。皆で手分けして買い物に行きます。

診療所に戻ったら「料理を作るので、手伝ってください」といいます。すると、十五人くらいが手伝う。他の人は手伝わない。昼時までかけて、六十人分のカレーライスを作ります。昼時にカレーができる。宣言するのです。「カレーライスができたので皆で一緒に食事をしましょう」。そうすると、診療所のどこからともなく、患者さんが現れてくる。皆で一緒に食事をします。

この話を聞いて、皆さんはどう受け止められるでしょうか。その診療所では「働かざる者食うべからず」とは絶対にいいませんでした。今の世の中ではそういうでしょう。親がまだ学生の子どもに「あなたは何をしてもいいけれど、自分で給料を稼いでから」というのも同じことです。今は勉強しているから働けないのに、滅茶苦茶な話です。働けないのはわかっているのに、親は子どもの足元を見るのです。そういうことをいうのが今の社会です。

人間の価値を生産性で見ている。何ができるかできないかということで測る社会です。私が働いていた診療所は、いわば健全な社会の縮図でした。なぜ彼らが**その日手伝わなかった人を責めない**かというと、今日は元気だから手伝えたけれど、もしも、明日元気がなくて手伝えなくても許してねというのが暗黙の了解なのです。皆さんにとって、今は勉強が働くことですが、できる間はそれに専心すればいい。やがて、皆さんのご両親も、皆さん自身も歳を重ねれば、**身体の自由がきかなくなる**ということは当然あります。若い人でも病気でまったく身動きが取れなくなることは、当然起こります。

障害があり、生まれてから行動の面では何もできない、他の人に貢献できないという人がいても、そういう人たちに価値がないかというともちろんそんなことはありません。

医師や看護師、医療従事者を目指す人は、小さい時に病気になった人が多いですね。私は五十歳、今から十一年前に心筋梗塞で倒れました。病院のベッドでまったく身動きが取れなくなりました。身体を片側に向いて寝かせられると、二時間くらいはそちらを向いたままです。反対のほうを向きたいと思っても、勝手に自分で身体の向きを変えてはいけない。一日中そういう状態で絶対安静でした。

音楽を聴くことも、本を読むことも許されない。皆さんも嫌でしょう。本を読むなといわれると、生きていくこともできないくらい絶望します。私など電車の中で本が読めないと、吊り広告を見て何度も活字を追うような人間ですから、本が読めない生活は苦痛の極みでした。

仕方なく、そんな状態で何日も過ごした後、思い当たりました。もしも親しい友人や家族が病気で入院したことを知れば、取るものも取りあえず見舞いに行くだろう。その時、友人や家族が**どんなに重体であっても、生きていてよかった**と思う。自分のこともそんなふうに考えていいと思ったのです。生還できただけで幸いです。それだけで喜んでくれる人がいるに違いない。あるいは、自分が生還できたことで他者に貢献できると思えるようになってから、精神的には安定しました。

それまでは、身動きの取れない自分は、人に貢献できない、生きていく価値がないのではないかと絶望していたのですが、ただ生きているというだけでもきっと自分は貢献できると私は思えるようになりました。

子どものことで悩んでいる親は多いです。例えば、朝の九時に子どもがのこのこ起きてくる。腹が立ちます。何時だと思っているんだ、今から学校に行っても間に合わないじゃないかといいたくなるでしょう。でも、そうはいわずにこういってください。「生きててよかった」と。そういうことを本気で思えるようになると、子どもとの関係のあり方はがらっと変わっていきます。本当は「生きててよかった」ではなく「生きていてくれてありがとう」なのです。すぐにはなかなかいえないかもしれない。でも**そういうふうに思える日がくればいい**なと思います。

当時の私の話に戻ります。精神的には安定してきたこともあり、入院しながらも、だんだんと何か他の人に貢献できることはないだろうかと考えられるくらいには元気になってきました。そこで病室にくる看護師や主治医と話をするようになりました。すると、私の話をおもしろいと思ってくださり、私のケアをしてくださる合間に話をすることもあれば、勤務時間が終わってから病室にくる人が出てきました。非番の日に私服で私の病室を訪ねてくださる人もいました。

主治医も激務なのに回診にきて、どっしりと腰を下ろして話をするようになりました。患者の私がカウンセリングしていると思いました。そんなふうに思えると、自分も貢献しているなといよいよ思えるようになりました。

ある日、私が病床で本の校正をしているのを見て、医師がこういいました。普通は、心臓の病気で倒れた患者がそんなことをしていれば、止めるでしょう。読書すら最初は許されなかったのに、本の校正には強いストレスがかかるからです。それなのに、主治医は私が校正をしているのを見ても、やめなさいといわずにこんなことをいいました。「本は書きなさい。本は残るから」

その言葉は**希望の言葉**でした。なぜかというと、病気になった経験がある人にはわかると思いますが、「すぐ治るから」といわれれば反発します。すぐよくなるといわれてもよくならないのは、自分でわかるからです。「すぐ元気になって学校にこられるよ」といわれると「何もわかっていない」と反発したくなります。先生は「本は残るから」と、私の状態が予断を許さないということは一方では認めた上で、「本は書きなさい」といわれたということは、本を書けるくらいにまで元気になれるということを約束してくれたのです。ですから、**退院したら本を書こう**と心に決め、もう十一年になりますが、先生にいわれた通り、毎年、何冊も本を書いているのです。

入院していた時は、身体の状態がよくなかったので、こんなふうに元気になれるとは、夢にも思っていませんでした。でもこうやって今、人の前で話ができ、本が書けるようになりました。幸い、世界各国で翻訳されて四百万部を超えています。そんなことが起きるとは、思いもよらなかった。

本が売れたから私腹を肥やそうとか、そんなことに喜びを感じているのではまったくありません。一冊一冊の本が、本当に届くべき人のところに届き、**本を読んで人生が変わった**というメールが届くことがある。自分のためにではなく、少しでも社会に貢献、献身できることが生きる喜びになり、幸福につながると考えてほしいです。

人生設計はできない

これから、人生をどう生きるかが最後の話になります。これから人生をどう生きるか考えた時に、過去のことはとりあえず置いておく。これまでにいろんなことがあったでしょうが、差し当たって過去のことは考えない。こういう話を韓国ですると、ブーイングが起きます。日韓関係の歴史を忘れてはいけない、と。過去がなくなるわけではないのですが、抵抗される人が多い。しかし歴史はともかく、個人についていえば過去を問題にしても仕方ありません。長い人生ですから、もっとあの時勉強をしていたらというような気持ちになることはあると思います。でも、過去に今戻れないなら、過去のことは問題にしないことが必要です。

他方、未来もまだきていないのですから、先のことを思い煩っても意味がありません。明日のことを考えると、気持ちが落ち込むこともあるでしょう。でもそれは**明日が来てから考えればいい**のです。

人間がもしも、今日という日を今日という日のためだけに使えたら幸福になれます。でも、過去を思って後悔し、未来を思って不安になる。その両方を手放すことが、これからの人生を生きていく上で大事なことだと思います。これも抵抗されることがあります。本当にこのことを実践すると何が起こるかというと、人生設計ができなくなるからです。

人生設計ができると思っている若い人は多いです。ある時、中学生と話したことがありました。驚いたことに彼はこれからの人生設計を熱く語るのです。たぶん、成績は悪くはなく、高校は中高一貫校なので進学は大丈夫。大学は東京大学に行き、国家公務員になる、と。「卒業したら、何をするの？」と聞いたら「結婚する」という。結婚は二十五歳。どんな根拠があってそんなことをいうのでしょうね、今、二十五歳で結婚できるかといえば難しい。でも、彼は無邪気に二十五歳で結婚するというのです。子どもも一人は可哀想だから二人はほしい。「あなたが産むのではないだろう」といいたいくらいです。三十歳でマイホームを建てる。私にはそういうふうに**人生設計をすることに違和感**があります。

人生は思い通りにはなりません。若い人にはいってはいけないことかもしれませんが、人生は思い通りには絶対にならない。そのような現実の中で、どう生きていくかということを考えていかなければならない。でも人生設計ができると思っている人は、大きな勘違いをしていると思います。まれに講演をする時、スポットライトが当たることがあります。すると、最前列にすわっている人の顔すら見えません。その状態で話をすると、ひどく不安になります。私が話していることがどんなふうに受け止められているかが、まったくわからないからです。

人生も同じです。今、ここに強烈なスポットライトが当たっているとイメージしてほしい。すると、過去も未来も見えない。足元はとりあえず見える。でも、明日どうなるかはわからない。今日できることだけをして生きていけば、気がつけばいつの間にか、長く生きてきたなと思えるというのが人生です。先ほどの中学生がなぜ人生設計ができると思ったかというと、**うすぼんやりした光を人生に当てているので、何となく先が見えるような気がする**のです。

今、この日を大切にするしかない。カウンセリングしていても、そういうしかありません。子どもが不登校になったということで、カウンセリングにこられる親は多い。でも、その子どもが学校に行くまでは親が幸福になれないかというと、そうではない。子どもが学校に行く、行かないは、子どもが決めることだから、親は親として幸せになっていいですよ、と私はいつもいいます。何かが起これば自分の人生は幸せになるとか、何かが起これば自分の人生は不幸になるわけでもない。私たちはこの瞬間に幸せだと考えていかなければならないと思います。

ですから、特に若い人にいいたいのは、今はこれからの人生の準備期間ではないということ。今は**リハーサルではなく本番**なのです。毎日毎日、やることをきちんとやっていけば、やがて試験の日がやってきて、受験がうまくいくかどうかはわからない。しかし、そうやって今日という日を今日という日のためだけに全力を尽くして生きていけば、いろいろなことが変わってくると思います。過去を振り返って後悔するのも、これからを考えて不安になるのもやめる。そうして生きていけばいいと思います。

とはいえ、最後にいいますが、足元だけ見つめていたら転びます。でも、ギリシアのタレスという哲学者は、いつも天上ばかり見て歩いていたので、けつまずいて溝に落ちたそうです。ですから、足元を見つめていかなければいけないのはたしかですが、他方、遠くも見なければなりません。

遠くは見えないといえば見えないのです。喩《たと》えていうと北極星です。雨の日はどうなるのだといわれると困りますが、北極星はいつも同じところで輝いている。足元だけを見るのではなくて、北極星を見るように理想を絶えず見てほしい。それは、お話ししたように他者に貢献することです。他者に自分がいかに貢献できているかということを絶えず振り返りながら、**今日できることをしっかりとやっていく、**そんな人生を送ってくださればと思います。

相談

パート先の先輩のいじめに近い指導。納得できません

パートで働いていますが、その半年前に入った先輩パートがとても辛辣な言葉で叱責をしてきます。

私は入って一カ月なのですが、一度しか教わっていないことをメモを見ながらやろうとしたら、ちょっと人の迷惑も考えてよ！　とか、忙しいんですけど！　とか。

その先輩パートが本職はカラーセラピストで、ブログなどで人との接し方を語っているのを見て愕然としました。笑顔が大事とか、神経をすり減らす前に相談にきてくださいとか。

そんなことを語っている人がいじめに近いことを繰り返すことに納得がいきません。反抗してその本職のことを持ちだして歯向かってやろうと思うこともあります。どうしたら自分の気持ちやその人との対応をこなせるようになるか教えていただきたいです。

（きき・書店パート・40歳・女性・宮城県）

お答えします

劣等感がある人ほど理不尽な叱責をする。そんな人への対処法は……

本当に有能で仕事ができる先輩であれば、あなたを叱責したりしないはずです。先輩の仕事は後輩を指導することですから、丁寧《ていねい》に言葉を尽くして教えればいいだけのことです。それなのに、迷惑とか、忙しいとか、わけのわからないことをいわれるのは、きっと教えることが面倒で、おそらくは**きちんと教えられないから**です。

自分が仕事ができることと、それを教えることとはまったく別のことです。もちろん、そんなことを自分では認めたくはありませんし、後輩のあなたに自分が無能であることを知られたくはないので、あなたにつらく当たるのです。

仕事について先輩は強い劣等感を持っているわけです。その劣等感を補填《ほてん》する一つの方法が、あなたを叱責することであり、もう一つの方法が、およそ仕事の場では実践できていないことをブログに書くことなのです。

そのような人に歯向かっても意味はありません。あなたが叱責され落ち込んだりすると優越感を持つでしょうし、あなたが歯向かえばいよいよ攻撃をしてきて、あなたが**屈服するといよいよ優越感を持つ**に違いないからです。

悔しいでしょうが、あなたができることは、しっかり仕事をして、先輩から注意を受けないようになることです。しかし、パワハラ以外の何物でもない先輩のやり方に我慢がならなかったら、心身をすり減らす前に逃げ出してください。

相談

現在三十九歳・婚活中ですが、男性全般に幻滅しています

現在三十九歳ですが、三十五歳より結婚したくなり、お見合いや紹介で男性と十人以上会いました。地方であり、年齢も上なので、多くの男性には会っていないと思います。どの方にも興味をもてず、かといって男性側も私より皆年上でしたが会いたがる割には、言葉にはしないのでよくわからない方々でした。女性とアポイントを取ることができないという人もいました。

それを繰り返して、男性に嫌悪感を抱くようになりました。最近では図体がでかい、邪魔。むさ苦しいハーフパンツ、にきび顔など見るとイライラし

ます。婚活を通して男性に憎しみを抱くようになりました。私は男性に幻滅していいます。私は結婚したいのに。どうしたらよいのでしょうか？　結婚を諦めたくはないです。一人で生きていくのは困難だということは理解していきます。

ちなみに結婚を維持していくには、やはり最初だけでも相手に恋愛感情を持たない相手とは難しいというアドバイスをもらい、そうありたいと思っています。身近な人にはこの悩みに答えられる人がいないと思いますし、私が我儘《わがまま》、理想が高い等の責めを受けそうなので。よろしくお願いします。

（39歳・女性）

お答えします

驚かれるかもしれませんが、出会いを結婚まで持っていくのは自分の決心なのです

人と人との出会いは縁としかいえないものがあります。どんな出会いも**始まりは偶然**ですが、その出会いが運命的なものと思え、結婚を決心するまでになることもあれば、二度と会うことにならない出会いもあります。

一体、その違いはどこにあるか考えてみられたことはあるでしょうか？　誰か

と付き合うと、関係がよければどんなことも長所に思えます。ところが、何かのことがきっかけになって相手への思いが変わった途端、それまで長所だと思っていたことが短所にしか見えなくなってしまいます。優しい人が優柔不断に、頼り甲斐がある人が支配的に見えるというふうに、**相手は何も変わっていないのに、相手についての見方が変わってしまう**のです。

結婚を視野においてお付き合いする時には、性格的なことだけではなく、収入や社会的地位、容姿や服装まで結婚の条件として考慮に入れることになります。しかし、どんな条件を満たしていれば結婚しようと思えるのかは自明ではありません。例えば、収入を結婚の条件にしない人や、外見的なことをまったく考えない人もいるからです。

驚かれるかもしれませんが、見合いや紹介などでの出会いを結婚まで持っていくのは自分の決心なのです。決心をすればこそ、関係を育む努力もできますし、関係が変わってくれば最初は強い印象がなかった人も違って見えてきます。

反対に、出会いがあっても関係が深まらないことはあります。その場合も、**自分がこの人との関係を深めないでおこうと決心している**のです。

いずれの場合も、相手の条件は、結婚する、しないという決心を後押しするための後付けの理由でしかありません。

相手に恋愛感情を抱くことは、結婚を決心し、その後結婚生活を維持するための有力な後押しにはなりえますが、恋愛感情は突如として湧き起こるようなものではありません。付き合ったり、生活を共にしたりする中で、いいコミュニケーションが取れるようになれば、恋愛感情が起きるのです。

ただし、いいコミュニケーションという言葉を使いましたが、ことさらに「いい」コミュニケーションを取れなくてもいいのです。「この人の前では自分をよく見せようと思わなくていい」と感じられれば十分です。

このような気持ちは普通に恋愛感情としてイメージされるような激しいものではありません。もちろん、そのような感情があってもいいのですが、知り合った最初だけでなく、長く付き合っていく時にこのような感情をいつも抱き続けることができれば結婚生活も続けられるのです。

この人の前では**普通にしていられるか**ということを基準に会ってみられたら、これまでとは違う目で男性を見られるようになると思います。

相談

大学受験を控えた息子が毎晩遅くまでゲーム三昧。親としてどう接したらいいのでしょうか？

高校三年生の息子のことでご相談します。

学校から帰ると毎晩遅くまでパソコンやゲーム、スマホを部屋にこもってやっています。休みの前日などは夜中の三時四時まで起きていて翌日は昼過ぎまで寝ています。学校のある日も中々起きられずにいつもぎりぎりで朝ごはんも食べずに登校します。当然授業中は寝ているようです。お風呂は早めに進んで入りますが、歯磨きはやったりやらなかったりで毎日イライラします。

部活が終わったので大学受験に向けて本気にならないといけない時期なの

に、受験勉強どころか日々の生活習慣が乱れている状況で毎日頭を抱えています。

信じて見守るべきなのか、そんな生活態度なら大学に行く必要はないと強くいうべきなのか、親としてどう接したらよいのか悩んでいます。

ちなみに五歳上の兄は高校時代日々勉強で努力をし、第一希望の大学に合格しました。私としては兄弟で比べたり、お兄ちゃんはできるのにとかはいっていません。

ただ自己肯定感が低く、将来の夢や目標を聞いても何もないというのが心配です。今私は子どもにどう接したらよいのでしょうか。

（たんぽぽ・パート・53歳・女性・記載なし）

お答えします

息子さんの生活を把握するのをやめましょう

今のような生活を続けることで困るとすれば息子さんが困るのであり、あなたではないはずです。

そんなことはない、イライラし、頭を抱えているといわれるでしょうが、そのイライラはあなたが**自分で何とかしないといけない**のであり、「私をイライラさせないで」と息子さんに要求することはできないのです。

「そんな生活態度なら大学に行く必要はない」ということもできません。なぜなら、**大学へ行くか行かないかは息子さんが決めること**だからです。

今のような成績では大学に行けないのではないかと親の考えを伝えることはできても（「そんなことといわれなくても、わかっている」といわれそうですが）、学校に行くか行かないかを親が決めることはできませんし、息子さんの生活態度と大学に行くか行かないかも関係がありません。

今のままだと大学に入っても勉強しないと心配されるのでしょうが、大学に入っても今のままかは誰にもわかりません。

生活態度が悪くても成績がよく、反対に生活態度がよくても成績が振るわないことはあります。

そもそもあなたが息子さんに「大学に行く必要はない」といい、息子さんが大学に行くことを断念されたら、あなたは子どもの人生に責任を取れるでしょうか。

後になって、「お母さんがあの時大学に行くなといったから大学に行かなかった。だから今、大変な目にあっている」というようなことをいわれても困るのではありませんか？

将来の夢や目標がないとしても、やがて自分で人生の進路を決めることができると信じるしかありません。

息子さんについていえば、親に大学に行くなといわれて行かないようでは、子どもとして情けないです。

兄弟を比べられたことはなかったでしょうが、あなたがそんなつもりはなくても、比べられてきたと思っているかもしれません。勉強ができたお兄さんに負けたと思っているとすれば、それも困ったものです。

勉強しないと決めた子どもは、何でも**勉強をしないことの理由**にします。

今、どう接したらいいか。「信じて見守る」しかありません。

あなたがイライラして、これまで一向に勉強をしなかった息子さんに同じ態度で接しても、何も変わらないでしょう。大学に行く必要はないなどときつくいっても何も変わりません。親に反発して勉強しなくなっては困るでしょう？（本当は親が困ることではないのですが）

息子さんのことでイライラしないために、息子さんの生活を**何でも把握しようとするのをやめる**ようお勧めします。

そのためには、自分の人生を充実させましょう。

息子さんの人生を生きることはないのです。

相談

毎日お昼を食べていた友だちが突然離れていきました

ある日突然、友人が離れていきました。

同じ会社で毎日お昼を共にしていた友人の一人が、ある時を境に自分たちと一緒に食べなくなり、時を同じくして態度も冷淡なものになりました。そのことを自分で受け入れることができず、自分の何が悪かったのかずっと考え続けています。

元気で率直な正義感が強い彼女が大好きで、これまで彼女とは自由闊達《かったつ》な意見交換ができる気の置けない関係で、人の陰口などもなく楽しい時間を過ごしていると思っていただけに、突然の豹変にこちらも困惑を隠せず、初めは、生まれ育った文化の違いなのかと考えたこともあります（彼女とは生まれ育った国が違うため）。

けれど、これほどまでに豹変するのにはこちらに非があるとしか思えず、何がそれほどまでに彼女の気分を悪くさせてしまったのか、これまでの自分の言動を振り返る毎日です。その中で自分の態度に反省すべきことが見つかり、ＬＩＮＥで「嫌な思いをさせていたらごめん」とも伝えましたが、「気がつかなかったし、謝ることはない」という返信とは別に、現在もにべもない態度は続いています。

一緒に食べていた別の子も、この急激な変化の理由はわからないようです。ただし、私から見てその子には非があるとは思えず、考えられるとしたら自分だろうと思っています。自分を本当に嫌っているかどうかについては、勇気が出ず聞けていません。

相手の感情は自分にはどうすることもできないことなのだからと自分にい
い聞かせ、大事なのは自分が相手を好きであることで、相手が嫌っても、せ
めて自分が好きであることや感謝の気持ちは言葉や態度にしていこうと、自
分から話しかける努力をしていますが、硬化した態度が和《やわ》らぐことはなく、
また毎日同じフロアという狭い空間でずっと顔を合わせているだけに、他の
人には以前私たちに向けられていたような笑顔を見せている姿を目の当たり
にすると、とてつもなく寂しく、傷ついたような気持ちになることもありま
す。

どうしたらこの気持ちから解放されて、受け入れることができるようにな
るのでしょうか。

（ナンチー・会社員・33歳・女性・静岡県）

お答えします

自分に非があると思っても甲斐ないこと。関係を続けたくない時、人はいくらでも後付けの理由を作り出すものです

親しくしていた人が突然離れていく時、**自分に非があったのではないか**と理由をあれこれ考えてしまいますが、理由はないのです。おそらくあなたのお友だちは自分でもなぜ急に離れようと思ったか理由がわかっていないと思います。

後付けの理由ならいくらでも見つかります。あの人の優柔不断なところが嫌い

だという人は、かつては同じ人のことを優しい人と見ていたのであり、支配的でないところが好きだったのです。

また、几帳面できちんとしているところが好きだと思っていた人が、細かいことにこだわるうるさい人に、おおらかな人が無神経な人に見えるのです。

なぜこんなことになるかといえば、関係を続けたくないと思った時、そのことを**正当化する理由が必要だから**です。だから、相手は変わっていないのに、その人の同じ面についてそれまでとは違う見方をするのです。

ご相談のケースでも、お友だちの気持ちがなぜ変わったのかはわかりませんから、自分に非があると思っても甲斐はありません。その人を好きである気持ちに変わりがないことをお伝えになってもいいと思いますが、当面積極的に働きかけないほうがいいと思います。

またいつか戻ってこられたら仲良くしてください。

相談

人見知りが激しく友だちと話すのが億劫。でも一人だと寂しい

人間関係が憂うつで仕方ありません。

人見知りが激しく元々人付き合いは得意ではありません。しかし今までずっと友だちには恵まれていて、特別に気をつかったりせず素の自分でいられます。大学では六人のグループでいます。人と深く関わるタイプではなく、LINEもなかなか返信しないのですがそれを理解してみんな付き合ってくれています。

なのに最近学校に行って友だちと話す気になれません。何が嫌というわけではないのですが疲れてしまいます。話す気になれず学校を休み、その後休

んだ日の出来事をきくと寂しい気持ちになります。

人と関わりたくはないけど一人だと寂しい。

その繰り返しでどんどん嫌になっていきます。大学の友だちに不満はないのにどうしてこんなふうに思ってしまうのかわからずつらいです。自分の気持ちの問題かと思うのですがどうしようもできず困っています。

（大学生・19歳・女性・東京都）

お答えします

あなたは友だちから与えられることばかり考え、その好意に甘えているようです

人との関係に入ると何らかの摩擦が起き、嫌われたり、裏切られたりして、傷つくことは避けることはできません。

あなたが人見知りが激しく、人付き合いが得意ではなかったといわれるのは、本当は、**人付き合いを避けるために人見知りするようになった**ということなのですが、ともあれ、人との関係が憂うつで仕方ないと思われることはよくわかりま

す。

他方、**人との関わりを避けていては、生きる喜びも得ることができない**というのも本当です。あなたは今までずっと友だちに恵まれてきたのですから、このこともわかっていると思います。人と関わる時、絶えず気をつかい、自分をよく見せなければならないことがありますが、友だちの前であれば、そんな気《き》づかいをしなくてもすみます。あなたも「素の自分」でいられることをありがたいと思っているでしょう？

私は、あなたの相談を読み、大きな勘違いをされていると思いました。大学の友だちに不満はないといっているのに（なんだかエラそうですね）、あなたがしていることは友だちを遠ざけようとしていることだからです。

あなたは友だちからよくしてもらい、与えられることばかり考えています。そのことを当然とは思ってはいないでしょうが、友だちの好意に甘えているように見えます。

もしも友だちでい続けてほしいのなら、あなたと友だちでいたいと思ってもらえる努力をしなければなりません。今は優しい友だちは学校を休むと、「どうしたの？」とたずねてくれるでしょうが、学校に行っても友だちと話さなかったり、学校を休んだりし続けると、ある日、気がついたら誰もいなくなりますよ。友だちがあなたの行動に寛容であり、あなたを受け入れてくれるのは、友だちの好意であって決して義務ではありません。

あなたの選択肢は二つしかありません。今のまま友だちの好意に甘え続け、いつの日か友だちを失うか、**自分が友だちにできることはないか**を考え、友だちとの関係の中に入る努力をするかのどちらかです。今のままの行動を続け、友だちがずっとあなたの近くにいることは残念ながらありません。

さて、あなたはどちらを選びますか？

第3章

喧嘩に勝たない・人の期待にこたえない

人の期待にこたえなくていい

三木清は『人生論ノート』の中で、たびたび**ゲーテの言葉を紹介**しています。そのゲーテは、「自分自身を失わなければどんな生活も苦しくはない。自分が自分自身でさえあれば何を失っても惜しくない」といっています。これはゲーテの詩です。

三木自身もこんなことをいっています。「幸福は人格である。ひとが外套《がいとう》を脱ぎすてるようにいつでも気楽にほかの幸福は脱ぎすてることのできる者が最も幸福な人である。しかし真の幸福は、彼はこれを捨て去らないし、捨て去ることもできない。彼の幸福は彼の生命と同じように彼自身と一つのものである」

偽りの幸せはコートを脱ぐように何のためらいもなく脱ぎ捨てることができる人が幸せである。しかし、真の幸福は、脱ぎ去ることはできない。なぜかというと、本当の幸福、**真の幸福はこの私と一つのもの**だからです。

この三木の言葉は十一年前に私が心筋梗塞で倒れた時に、非常に励みになる言葉でした。当時私はある学校で非常勤講師をしていたのですが、すぐに解雇されました。次の週に講義にこられるかわからない講師を雇っているわけにいかなかったのでしょう。一カ月も入院したら、また復職できるといったのですが、聞き入れてもらえませんでした。

病院ではベッドの上でまったく身動きが取れませんでした。その状態で、何日も何日も過ごしました。家族に迷惑ばかりかけることになり、そういう状態で過ごさなければならなくなった私は、本当に自分は生きていてもいいのだろうか、その生きる価値はあるのだろうかと考えないわけにいきませんでした。しかし、その時に思い出したのは、**他の幸福は脱ぎ捨てることはできるが、真の幸福は自分自身と一つなのだ**という三木の言葉でした。

私自身は哲学を昔から専攻していたので、世間的な成功は自分には無縁ということはよく知っていました。それでも、大学の教授になるとか、学位を取るとか、そういう世間的な名誉というものをほしいと思わなかったわけではないです。

しかし、そういうことは、今の自分にとってまったく意味がないということに気づいたのです。ベッドで身動きが取れなくなった時に、お金とか成功や名誉はまったく役に立ちません。ですから、そんなものは外套を捨てるように脱ぎ捨てていいのだということを知った時、そういうことを教えてくれる三木の言葉は、私にとって非常に強い励ましになりました。

自分自身ではなく、自分に所属するお金だとか名誉だとか仕事だとかそういうものは真の幸福とはまったく関係のないものだということに病院のベッドで気づくことができたのです。

摩擦から本当の幸せを学ぶ

私たちはこうやって日々生きている中で、実はその自分自身を見失っています。なぜそういうことがいえるかというと、これも三木の『人生論ノート』からの引用ですが、「我々の生活は期待の上になり立っている」からです。「我々の生活は期待の上になり立っている」といった後に、三木は「時には人々の期待に全く反して行動する勇気をもたねばならぬ」といっています。これはまさに「嫌われる勇気」です。

私たちは他の人から**こうあるべきだという期待**を押しつけられて生きています。例えば、親の意に沿わない人と結婚しようとすると、親は反対します。結婚しないで生きていこうと決心した時も親は反対します。結婚する時に親の意向は関係ないと私は単純に考えますが、その時、親不孝をしたくない、親孝行しないといけないという人がいて驚きます。人から期待されている自分を生きることは、結局のところ、自分自身の人生を生きることにならないし、真の自分を失ってしまうことになります。

ですから、三木が「人々の期待に全く反して行動する勇気をもたねばならぬ」というのは、まさに私たちが傾聴しなければいけないことだと思います。「世間が期待する通りになろうとする人は遂に自分を発見しないでしまうことが多い」と三木はいっています。自分の人生を生きようと決め、親の期待に沿わず、その結果、親の期待を裏切ることになりますが、**親との摩擦を経験する中で初めて人は自分自身を発見することができる**のです。そうすることが本当の幸福に近づくためには非常に大事なことになってきます。

相談

やる気に満ち溢《あふ》れた職場で、私だけが会社の期待にこたえられず焦っています

悩みは、漠然としていて、このままではいけないけれど、動けない状態です。

私は三十歳になり、独身で、二十歳で就職した接客業で今もずっと働いてます。昔から、欲はそんなに強いほうではなく、すごい志を持っていたわけではありません。

今の職場は環境もよくやる気に満ち溢れた職場です。今まではその中で、私も頑張ろうとやる気をもってやっていたつもりですが、求められること〈売上目標の達成〉ができずもう会社からの信頼はないに等しい感じです。

今まで気にかけてもらった分、私も返していきたいと思っていますが、どうしても自分の悪いところと向き合えず、それを隠そうとして小さい嘘をたくさんついてしまいます。

そういう性格もあって、本当に思っている愚痴とか誰にもいうことができず、今がすごく苦しいです。今の仕事を辞めても、また同じようなことの繰り返しだろうともわかっていますし、辞める勇気もありません。目標を持つことが大事とわかっていますが、その気力も今は瞬間的でまったく続きません。迷惑をかけたくない、後輩に情けない目で見られたくない、思えば思うほど逆効果です。

どうやってこの負のループを抜け出したらいいのでしょうか？　まとまってない文章で申し訳ないのですが、よろしくお願いします。

（あーみ・接客業・30歳・女性・大阪府）

お答えします

誰も志高く一生懸命仕事しなければならないとは、私は思いません

悩みは漠然としているうちは解決の糸口を見つけ出すことはできません。一体、何を悩んでいるのか、**問題はどこにあるのかを明らかにする**ことが最初にしなければならないことです。

今の仕事を続けようと思い、このままではいけないと思うのであれば、動くしかないのです。このままではいけないと思っているのに動けないとすれば、この

ままではいけないとは本当には思っていないということです。

仕事をする時に誰もが志を持って一生懸命頑張らなければならないとは私は思いません。やる気はあっても困りませんが、必要以上のやる気はいりません。そこそこ勤勉で、よほどの理由がなければ出勤する。昇進することを目指さず、休みの日がくることを楽しみにする……やる気に満ち溢れた職場であっても、皆と同じように働かなければならないわけではありません。いろいろな働き方があっていいのです。

頑張ろうと**やる気を持って働いてみても、結果を出せない**ことも当然あります。それに伴って会社から信頼できないという評価をされることもあるでしょう。そのような現実を前に、「今まで気にかけてもらった分、私も返していきたいと思っています」といわれるのももっともなことです。

仕事に必要なのは「気力」ではなく「努力」です

しかし、ここから先が間違っています。自分の悪いところと向き合えず、それを隠そうとして**小さい嘘**をたくさんついてみても現状を変えることはできません。

どうすればいいのか考えてみましょう。

まず、何が問題だったのか、どうすればよかったのかということをしっかりと知ることです。

自分の悪いところということの意味が、売上目標を達成できずにきたということや、そうすることができなかった自分自身の問題ということであれば、これから目を背けることはできません。

自分の悪いところと向き合えず、それを隠そうとして小さい嘘をつくというのは性格ではありません。性格ではなく、仕事で思うような結果を出せない時にしてしまう行動パターンでしかありません。それなのに性格だと思ってしまうのは、変えられない、少なくとも変えることは難しいと思いたいからです。

次に、目標を今後達成するためにはどうすればいいか、何ができるかを検討することです。その際、何ができるかを考え、それを実行するために目標を立ててもいいですが、ただ**漠然と目標を立てるだけではだめ**です。漠然とした目標を、おそらくは直ちに達成できない目標を立ててしまうと、初めからできないと思ってしまいます。そのような目標であれば、たとえ達成できるとしても、そのためには「気力」が必要だと思ってしまうことになります。

達成可能な目標を立て、それを達成できれば次のやや高い目標を立てましょう。必要なのは「気力」ではなく「努力」です。簡単ではなくても達成可能な目標であれば、目標を達成するためには努力は必要ですが、気力は必要ではありません。

第三に、後輩にどう見られるかを恐れないことです。現状のあなたを情けない目で見る人がいるかもしれませんが、それを止めることはできません。そんなふうに見られたくないのなら努力するしかないのです。

最後に、**思っていることを打ち明けられる人**を見つけることです。自分の弱いところを見せられるというのは大切なことだと思います。完全な人などいません。同じような悩みを持っている人も多いことに気づかれると思いますよ。

相談

主人が会社を辞めたいといい、困っています

こんにちは。はじめまして。私は五十三歳の主婦で主人は五十五歳です。主人は建築設計の仕事をしているのですが四、五年前に部署が変わり、まったくその仕事の内容が変わってしまいまして、老眼も進み今かなり仕事がやりづらいと本人は悩んでいるようです。定年まであと四年。私としてはわからないならわからないなりに周りの人に聞いたりして時間を過ごしてほしいと思っているのですが、主人はそれが耐えられないようです。

大学生の息子が二人いてこれから高校に上がる娘もいます。今会社を辞められたら家のローンを払えません。子どもたちを学校に行かすこともできま

せん。本当に困っています。本人は違う仕事をするといっていますが、正直、今の収入よりも半分ぐらいになるのは目に見えています。会社が辞めろといっているわけではないので、このままのらりくらりとでも在籍してくれたらそれでいいのではないだろうかと私は思うのですが。真面目な主人は耐えられないようです。私は辞めさせてあげるべきなんでしょうか？

（主婦・53歳・大阪府）

お答えします

本来、仕事をする、しないは本人が決めること。話し合いでいってはいけないことが三つあります

教育のこと、家のローンのことを考えたら、今仕事を辞められたら困ると思われるのは当然でしょう。

でも、彼もそんなことは百も承知で**今の仕事を辞めたい**といい出されたに違い

ありません。とても現状では辞めることはできないことがわかっていながら、辞める決心をするのは勇気がいったはずです。

違う仕事をするといっておられるのですから、決して一時の迷いではないでしょうね。実際、部署が変わったのは最近のことではなく、四、五年前のことです。それからずっと仕事内容が変わり、仕事がやりづらいと悩んでこられたのです。自分で決定したことを事後的に報告されたわけではありませんし、なお迷っておられるようにも見えます。いくつかのことに注意して話をしましょう。

まず、あなたは意見をいうことはできますが、「彼に意見をいえることといえないことがある」ということです。本来、**仕事をする、しないは本人が決めることと**、本人しか決められないことではありますが、彼が仕事を辞めれば家族は実質的な迷惑を被《こうむ》ることになりますから、「辞められること」についてあなたが意見をいうことはできます。

その際、絶対辞めてはいけないと、最初からこの考えは譲れないと話してはいけません。結論を最初にいってしまえば**話し合いにはならない**からです。

あなたが意見をいえるのは、今仕事を辞めたら何が困るか、困らないためには何をしなければならないかということについてだけです。もちろん、それについて話すことで、辞めることが現実的でないと納得されたら思いとどまられるかもしれませんが、これも話をしてみないとわかりません。

次に、彼の仕事の仕方については触れてはいけないということです。「わからないならわからないなりに周りの人に聞けばいいではないか」というようなことです。仕事を辞めないでほしいというのはあなたの希望ではありますが、たとえ辞めることを思いとどまる決心をされたとしても、どんな仕方でこれから働くかは彼が決めることです。「のらりくらりとでも在籍」すると思われるかもしれませんが、あなたが働き方について口を挟むことはできません。

第三に、**話し合いをする時に決して責めない**ことが大切です。まずは、話を聞き、彼の考え方を理解することに努めましょう。理解することと賛成するということは違います。理解できるけれども賛成できないということは当然あります。大事なことは、あなたは自分の考えに聞く耳があり、理解しようとしていると彼が思えることです。

仕事を辞める、辞めないということは目下のテーマではありますが、最初から理解しようとしない、話も聞かないということでは、たとえ彼が仕事を続け、経済的に支障をきたすことがなくなったとしても、今後の二人の関係はよくならないかもしれません。

人は仕事をするために生きているのではありません。生きるために、さらにいえば**幸福に生きるために働く**のです。その意味では、現実的な問題は確かにありますが、意に染まない仕事をすることで彼が幸福ではなく、ひいては二人の生活も幸福と感じられなければ元も子もないように思います。

話し合いは一度でなく、何度してもいいのです。「今日は結論が出なかったけれど、また話しましょう」ということでいいと思います。大切なことは、二人が問題の解決に向けて協力できるということです。

どんな形であれ協力して問題を解決できたという実感が、これからの二人の人生にとって貴い経験になりますように。

相談

親の長年の無関心に傷つき、結果友だちを作れなくなってしまいました

私は今まで親の関心なしに育ってきました。虐待は受けたことはありません。しかし今までちゃんと向き合ってくれたことがありません。学校に行きたくないといえば、じゃあ行くなといわれます。勉強したくないといえば、じゃあもう働けといわれます。もう親が他人にしか見えません。私は本心からいっているのではありません。私を見てほしくていっているのです。

しかし親はただいい親気取りがしたいだけで、言葉をそのまま受け取ります。私のことを見てくれません。

こんなことばかりで十八年生きてきた私は、親に本心をいうこともできなくなり、自分を肯定できず、そのため友だちもいません。何かに対してやる気が起こりません。人生挫折した気分です。

そんな私は今後人生を挽回《ばんかい》できますか？

（学生・18歳・女性）

お答えします

自分を肯定できないことと親との関係とは何の関係もありません。あなたなら自分の人生を生きていけます

もちろん、挽回できます。

これまでの人生であなたが親に向き合ってもらえなかったことはつらいことだったでしょう。そのようなことがあって、あなたが**親に本心をいわなくなった**ことはよく理解できます。

でも、自分を肯定できず、そのため友だちもいないとか、何かに対してやる気が起こらない、人生挫折した気分であるといわれることは私には理解できません。それらのことは、親のあなたへの向き合い方とは何の関係もないからです。

もしもあなたの親が、多くの親がそうであるように、「あなたのためを思って」などと、あなたの人生にことごとく口を挟《はさ》んでこられてきたとすれば、そのほうがずっと大変だったと思います。

他方、あなたの親のように、あなたの人生に干渉せず、あなたが自分ですべてのことを決めなければならなかったことは、それとは違う意味で大変であったのも間違いありません。人生の選択の責任はすべてあなたにあり、**親のせいにできない**からです。

でも、もうあなたは十八歳です。これからは親から自立し、自分の人生を生きていかなければなりません。あなたならできます。

相談

子どもの頃からあがり症で、人前でのスピーチや会議での発言など、本番で力が発揮できません

仕事は好きで、やりがいも感じているのですが、会議などで発言するのがとても苦手で、それまで考えていたことが飛んでしまったり、頭が真っ白になってしまうことが多々あります。仕事の場以外でも、結婚式など人前で挨拶することもとても苦手です。

思い返すと、子どもの頃から本番に弱いタイプでした。ただ歳を重ねるにつれ、このままではいけないのではないかと思うようになり、また人前でも緊張しないで話す同僚などを見ていると、なぜ自分はあんなふうに自然にできないのかとコンプレックスがつのります。

どうやったら人前に立っても、普段と同じ力を発揮できるようになるのでしょうか。

（会社員・30歳・男性）

お答えします

緊張するのは悪いことではありません。でも、あなたの緊張には別の目的があるのです

あなたの緊張には、実は別の目的があるのです。

人前で話す時に、まったく緊張しない人はいないでしょう。

緊張することには目的があります。もしも**緊張していなかったらうまく話せたのにといいたい**のです。うまく話せなければ、そのことを緊張のせいにできるということです。

しかし、緊張しなくても、うまく話せなかったかもしれないのです。

他の人と比べているところも気になります。

緊張しないで話しているように見える同僚がいても、その人は**緊張していないように見えるだけ**かもしれません。

緊張しないために普段から練習をしているかもしれないのです。原稿を書き、読み上げ、録音して後から聴き直すというようなことです。

どうして自分はあんなふうに緊張しないで自然に話せないのだろうかと上手に話せる人と自分を比べ、到底あんなふうに話せないと思えば、練習をしようとはしないでしょう。練習をしないために、無理だと思うともいえます。

子どもの頃から本番に弱いタイプだったといってみても、本番ではない普段は力を発揮できるといってみても、他の人にはわかりません。他の人があなたの話を聞くのは本番でだけなのです。普段なら、本番でなければ緊張しないで話せたのにというのは可能性の中に生きることです。もしも本番でなければ緊張しないでうまく話せるというだけなら誰でもできます。

もしも本当に本番でなければうまく話せるのなら、本番でも本番でないと考えて話せばいいのです。

本番と普段との違いを考えたらどうすればいいかわかります。本番では上手に話し、よく思われたいのです。しかし、そんなことは思わなくていいのです。大切なことは上手に話すことではなく、**正しく話す**ことだからです。人をうっとりさせるような名スピーチをしようと思っても意味がありません。

会議はスピーチコンテストではありません。結婚式でのスピーチは結婚する二人を祝福するためにするのであって、あなたが上手な話し手であることを披露宴に参加した人に印象づけるためにするのではないはずです。

上手に話そうとするのをやめてみる

私は講演の初めに「今日は緊張しています」とか「最初はうまく話せません」ということがあります。こういうことをいえば、上手に話さなければと思わなくてすみます。

さらに、**話を聞いている人を信頼していない**ことも問題です。あなたはうまく話せない人を見ると嘲笑するでしょうか。しないでしょう。それなら、他の人もあなたが上手に話せないからといって嘲笑するはずはありません。

緊張することはそうそう悪いことではありません。緊張は常よりも力を発揮させます。若い頃、学生オーケストラに入っていたことがありました。ゲネプロといって、本番と同じように演奏するリハーサルをします。その時はさほど緊張していませんが、ゲネプロの時ではなく、緊張する本番の時のほうが明らかに実力を発揮できました。

もっとも練習の時に一度もできなかったところを本番だけ演奏できたことはなかったのですが、ミスをしないことがいい演奏ではありません。人前で話す時も同じです。緊張していても、**自然ではなくぎこちなくてもいい**のです。

本番で発揮する力というのは、上手に話すことではなく、的確に正しく話すことだからです。

第4章

今日という日を今日のためにだけ生きる

過去と未来を棚上げする

アルツハイマー型の認知症を患った父の介護をすることになった時に、痛切に思い知ったことがあります。人は「今ここで」幸福である、ということです。過去は存在しないのです。もしもあなたが幸福であることを望むのであれば、つまり**自分が幸福である、ということに気づく**ためには、過去を手放すということが非常に大事になってくるのです。

私たちは過去に囚《とら》われています。過去につらい経験をしたという人は多いと思いますが、そういうつらい過去は今はもう「ない」のだと諦めなければなりません。

認知症という病気は、いつも病気の状態で、いろいろなことを忘れているわけではなくて、ある日、霧が晴れたかのように昔からよく知っている親に戻る時があります。介護する家族は、その瞬間が必ずくるので、決して見逃さないようにしないといけません。その時は、それほど長くは続きません。

ある日、父が昔から知っている父に戻った時、こんなことをいいました。「忘れてしまったことは仕方ない」

私は小学校の時に父に殴られたことがあって、父との関係はよくなかったのです。その時は、勝手に忘れるなよといいたかったのですが、本人が**忘れてしまったことは仕方ない**という。普段は、忘れてしまったことを忘れている父ですが、この時は違っていました。続けて、こういいました。「できるものなら、一からやり直したい」

一からやり直したいと父がいった時に、もう私は観念しました。この父とかつていろんなことがあったけれども、それは今となっては問題にしてはいけない、あるいは、問題にしても意味がないということに強く思い当たったのです。

ここまで考えなければ、対人関係の問題は解決しないのです。私の場合は父がいい出してくれたのですが、誰かとの関係がうまくいかないと思っているのであれば、その**過去を手放す勇気**を持たなければいけないと思います。

私たちは過去のことを思って後悔しますが、その過去はもうないと考えるのです。今生きづらいのは過去の経験が原因だという人がいますが、もしもそうなら今の生きづらさから脱却するためには過去に戻ってその原因を取り除かなければならないことになります。しかし、タイムマシーンがない限り過去に戻れないのですから、これからもずっと生きづらさを感じ続けないといけないことになります。

起きてないことを考えなくていい

過去の話をしたら、未来の話になります。それでは、未来はどうなのかということ、未来もありません。だから、まだ起こってないことについて不安になる必要はないのです。

明日考えればいいことは多々あります。まだ起きていないことを今考えなくてよいのです。今日考えても仕方ないことは今日考えない、今日という日を今日という日のためだけに生きるのです。どうしても先のことを考えてしまうという人もいるでしょうが、**これから先どうなるか**は誰にもわかりません。

どんなに今幸福の絶頂にあると思っている二人でも、明日喧嘩して別れることになるかもしれません。そんな日がくるかもしれないけれど、そんな日が仮にくるとしても、それはその日に考えたらいいのであって、今日はこの人と仲良く生きていこうという決心を日々していくしかないのです。そんなふうに、日々充実した毎日を送ることができれば、その二人の関係は非常に充実したものになり、やがてその二人の関係は、長く続くだろうと考えて間違いないです。

私が教えていた看護学校では学生から質問を受けそれに答えていました。恋愛相談が多いですが、その中でよくあるのが、「どうしたら遠距離恋愛を成就できますか」というものです。どうしたら遠距離恋愛がうまくいくようになるかというと、**別れる三十分前に暗くならない**ことです。もう別れなければならない時間が近づいてきたら、どちらかが、あるいは両方が不機嫌になります。それで、「次は一体、いつ会えるの」という話になります。「来週は仕事があるから無理なんだ。だから、次に会えるのは二週間後になる」。そんな話になった途端、二人の関係がよくなくなるのです。

もしも二人で過ごした時が充実していたら別れてから気づくのです。そういえば次に会う約束をしていなかったな、と。そんな充実した過ごし方ができる二人の恋愛はきっとうまくいきます。しかし、今ここで一緒にいる瞬間瞬間を生き切れず、不完全燃焼な時間を過ごした二人は、次のデートにかけようとします。「次はいつ会えるの」と相手に迫るのはそのためです。次に会うことすら考えないで、二人が充実した時間を過ごせるようになると、恋愛はきっと長続きします。長続きするかどうかは**結果であって、目標ではない**のです。

カウンセリングでよくテーマになるのですが、子どもが学校に行かないと、親は心配します。この先どうなるのだろうか、この子どもはいつまでも学校に行かないで一生こんなふうに過ごすことになるのだろうか。そんなことを考え始めると心配でならないと訴える人は多いです。

そういう人に私がどんな話をするかというと、それは今考えることではない。

とにもかくにも、家に子どもがいるのであれば、その子どもと仲良く生きることだけを考えていけばいいということです。学校に行くか行かないかは子どもが決めることで、親が決めることではありません。やがて学校に行く日がくるでしょうが、親が子どもを学校にやらせることはできないのです。

問題の解決ができない間は幸福になれないと思っている人は多いのですが、そんなことはありません。幸福を先延ばしにする必要はありません。

なぜかといえば、**幸福とは、過程ではなく存在だから**です。今日という日を子どもと一緒に生きられるのであれば、それがもう既に幸福だと思えるでしょう。親は子どもが学校に行かないと幸福になれないと思うのですが、親がそういう時に考える子どもの幸福は、実は成功でしょうね。学校を卒業することは成功なのです。そういう成功からほど遠い生活をしている子どもは幸福ではないといわれるかもしれません。たしかに、子どもが家にいることが手放していいとは私も思いませんし、学校教育は大事だと思いますが、それよりも子どもと一緒にいられることがもう既に幸福だと考えていいと思うのです。

これから先何が起こるかは知りようがありません。そうであれば、未来のことを手放そう、問題があっても今日できることをしていこうと考える。あなたは、**今幸福になっていい**のです。

相談

〝人生百年時代〟といわれる中、幸せな老後がイメージできず、長生きすることに不安を覚えています

近頃さかんに「人生百年時代」という言葉を目にしますが、そんなに長生きするかと思うとぞっとします。

勤めている会社は斜陽産業で、これからは人工知能にどんどん仕事も奪われるでしょうし、高齢化社会、人口減、政治不信、考えれば考えるほど幸せな老後など期待できず、長生きなんてしたくありません。かといって自殺するほどの勇気もなく、岸見先生はこの高齢化社会をどうお考えでしょうか？

（会社員・38歳・男性）

お答えします

社会のあり方は、あなたの幸福を決定するものではありません

先のことよりも、今日という日に集中する

以前、これから先四十年も同じ生活をするのは苦しいと自殺を試みた若者がいました。今の世の中、**一年後ですら何が起こるか予想することは難しい**ので、こ

の若者が後四十年も今と同じ生活が続くと思っていることに私は驚きました。

しかし、同じ生活が続くとすればそれはありがたいことだともいえます。毎日、何が起こるかまったく予想もつかない波瀾万丈の人生を望む人が多いとは思いません。

さりとて、今日という日が昨日とほとんど変わらず、明日もまた今日の延長だとしか思えなければ、格別の不満がなくても、常に何かしら満たされない思いを持って生きることになるかもしれません。そのような思いと共に、これからも同じ生活が続くと思うと、**漠然とした不安を感じる**ということはあるでしょう。

同じ生活が続くのならまだしも、将来に対して希望を持てず、長生きをしても幸せな老後など期待できないのであれば、いよいよ先行きが不安になります。

しかし、これからいいことがないのなら長生きしないというのはおかしいと思います。

まず、社会が高齢化していくことに個人が何かできることがあるかといえば何もないかもしれませんが、そのような社会で生きることから逃れる前にその中で**どう生きていくかを考える**ことはできます。

あなたの幸福は、社会がどう変わっていくかによって決定されない

次に、幸福はこれからの社会がどうなるかによって決定されません。たしかに、社会のあり方は人が幸福に生きることに大きな影響を及ぼしますが、例におあげになっている政治についていえば、政治不信といってすませるのでなく、政治を

変えていく努力はできます。

政治家に幸福にしてもらおうなどとは私は思いませんが、政治家に不幸にされたくはありません。後は野となれ山となれではなく、**きたるべき世代のことを考える**ことも必要です。

さらに、長生きするかと思うとぞっとするということですが、今後長生きする人が増えていくというのは事実であっても、自分が何歳まで生きることになるかは誰にもわからないのです。長生きしたい、したくない以前に、そもそも長生きできるという保証はどこにもありません。

そうであれば、こないかもしれない老年のことを不安に思い、幸せな老後など期待できないので長生きしたくないと思うのは、心臓はやがて止まるのだから今止めればいいと考えるのと同じように思います。

これからも生きていこうと思うのであれば、先のことではなく今日という日を**今日という日のためだけに生きていく**ことがあなたができることです。

相談

息子がテレビ局の下請け会社を辞め、フリーの映像プロデューサーになるといい出し、食べていけるか心配です

息子は映画の専門学校を卒業後、映像関係の会社に就職しました。ＡＤの仕事で寝る時間もなく、家にもほとんど帰れず会社に寝泊まりしていて起きられずに、撮影に遅れて、解雇されました。その後、アルバイトしながら、友だちの撮影を手伝ったりしていました。

単発で、発表会のＤＶＤ製作を依頼されたりしていましたが、五年前に、映像関係の派遣会社に登録し、今はテレビ局の下請け会社に非正規雇用で働いています。いつか正社員にしてもらえるかもと思っていましたが、どうや

らその望みはないと見切りをつけたのか、息子は今年の十月で派遣を辞め、独立して、フリーの映像プロデューサーになるといっています。仕事は日本全国を歩き民話の語り部さんを撮影しDVDを製作、製作費をいただくということです。

母親としては、到底、そんな仕事で食べていけるとは思えず、心配しています。今、息子は都内のアパートで一人暮らしですが、独立後、家賃や健康保険、国民年金など、親が出してあげたほうがいいのではないかと悩んでいます。

（とら子・66歳・女性・東京都）

お答えします

率直にいって、親にできることは何もありません

最近では、過労死の問題があって、親は**子どもがどんな仕事をしているか**を知っておくべきだと考えるのはある意味当然でしょうし、子どもから仕事のことを聞かされ心配であるお気持ちはわかります。

しかし、多忙なADとして働いていた会社は幸い解雇されたのであり、目下の心配は過労ではなく、会社に正社員として就職しないで、フリーのプロデューサー

として**食べていけるか**ということです。

学校を卒業後、これまでも自分で生計を立ててこられたのであれば、これからも心配することはないというのが合理的な結論です。

「だから、何も心配しなくていいですよ」。そういって、話を終えられたらいいのですが、話をここで終えるわけにはいきません。なぜなら、息子さんがこれからも自分で生計を立て、問題なく生きていかれるかは、私が太鼓判を押すことはできないからです。親も同じです。親とて、子どものこれからの人生がどうなるかはわかりません。だから、心配なのだといいたいのでしょうが。

どんな仕事をするかは子どもにしか決められません

それでは、親として何かできることがあるのか。これが問題です。率直にいって、何もありません。親が子どもの仕事に口出しをすることはできないからです。どんな仕事をするかは子どもにしか決められません。

仕事がうまくいかなかった時もそのことの責任は自分でしか取れません。実際、起きられず撮影に遅れた時は仕事を辞めなければならなかったのです。

親にできることがあるとすれば、**何かできることがあるかとたずねる**ことです。その問いに対して、こういうことをしてほしいという答えがあり、それが親のできることであれば子どもを援助することはできます。

しかし、そのような手続きを経ても、実際には、親ができることはありません。遅刻してはいけないから、朝、電話をしてほしいといわれたら電話をしますか？　家賃を払ったり年金を払ったりすることも基本的にはモーニングコールをするのと同じなのです。

まして、頼まれもしないのに、家賃や年金を払うと申し出れば、自尊心の強い子どもであれば、親からそのような援助をされることを潔《いさぎよ》しとはしないでしょう。親が自分を信頼していないことが伝わるからです。

もしも、これまでも親に頼ることを当然だと思っていたのであれば、親がそのようなことを申し出れば、いよいよ依存的になるでしょう。親が何とかしてあげようと思っているうちは、子どもは真剣に自立しようとはしないのです。あなたが援助しなくても、**子どもは自力で生きていける**と考えて、今は何もしないことをお勧めします。

相談

旦那の二回目の借金発覚です。私は自分のことだけを考え離婚するべきか、旦那のことをもう一度信じられるのか、試してみるべきか……

旦那の二回目の借金発覚です。今回は二百万円。

前回は五十万円でお小遣いが足りずカードキャッシングしたとのこと。そして今回、株でマイナスになりFXに手を出したところさらにマイナスになり、金融業者で八十万借りたようです。もともと口座にいれてあった百二十万円はゼロに。合わせて二百万円。

私が少しずつ貯めた貯金が一気になくなりました。

この借金癖は直らないと思っています。子どもはいません。

でも旦那は癌の闘病中、私が離婚すれば彼は完全に一人ぼっちです。両親も既に他界していますから……。

私は自分のことだけを考え離婚するべきでしょうか、それとも旦那のことをもう一度信じられるのか試してみるべきでしょうか。


（まりも・事務員・38歳・女性・千葉県）

お答えします

大事なのは前回の借金発覚の時と同じ対応を繰り返さないこと

借金した彼を責めることより、どうしたら解決できるかを協力して考える

今回、二回目の借金発覚ということなので、最初に押さえておかなければならないのは、前回と同じ対応をすれば**また同じことが起きる**ということです。今回の対応は前回とは違ったものでなければなりません。

彼が一人で生きているのであれば、多額の借金をして貯金を使い果たして生活に困るのは彼だけですから、「どうぞ好きにしてください」といえるでしょうが、なにしろ、二人は結婚し一緒に生活しているのですから、彼の行動は彼自身にだけ降りかかるのではなく、たちまち二人の生活を脅かすことになります。二人がこれからも結婚生活を続けるのであれば、当然彼に借金をするのをやめてほしいといえます。

大事なことは、借金をした彼を責めることではなく、どうすれば問題を解決できるかを**協力して考える**ことです。

前回どういう対応をしたかは書いてないのでわかりませんが、「借金発覚」ということは、借金をしたことを今回も隠していたということですから、借金をしてしまうと生活できなくなるから借金するのはやめてほしいというような正論をいってみても、抵抗されるでしょうし、そもそもそんなことは百も承知だったはずなのです。

もしも借金をすることを何とも思っていなかったら隠されなかったでしょうし、小遣いが足りないというのであれば何とかできないかと相談をされたはずなのです。問題は、今回も彼が**借金したことを隠さないといけないと思った**というところにあります。

今あなたにできることは、彼のいい面に目を向けること

問題解決の糸口は二つあります。

まず、あなたが彼に隠そうと思わせたのではないかと考えることです。実際、

一度は借金をやめても、また同じことを繰り返すことはよくあります。

小遣いが足りないのであれば、黙って借金しないで相談してほしいと伝えなければなりません。今回は株で損をして借りた二百万円という額に驚かず、彼の話を聞きましょう。話を途中で遮《さえぎ》ったり、こうしたほうがいいと助言したり、まして批判したら二度と話をされなくなるでしょう。

次に、彼の適切な行動に注目するということです。問題行動に注目することなら誰にでもできます。彼にしてみれば、借金をすることであなたの注目を自分に向けたいという思いもあったかもしれません。

いつも借金されているわけではありませんから、普段の生活の中で彼の適切な行動に目を向け、**共に過ごせることを喜ぶ**ことがあなたができることです。彼には借金をしなくても、自分を受け入れてくれる人がいることを知ってほしいのです。

目下、闘病中なので、彼の問題に目を向けないでおこうといっているのではありません。病気であろうとなかろうと、**仲良く生きていく**ためには適切な面に注目しなければなりません。

もちろん、これからどうするかはあなた次第ですが、闘病中であればなおさら、仲良くする努力を一度はしてみる価値があると私は思います。

後悔しない決断をしてください。

相談

母親の介護中。何もしないのに口だけ出す兄に困っています

八十代の親の隣に住み、私と夫で全面的にフォローをしています。一人兄がいますが、親と同居後うまくいかず、一家で出ていきました。

しかし、親の介護などにいちいち口を挟んできます。リハビリ中の母に対して「ボケるから本人に家事をやらせろ」などと言います。

お金も手も出さない兄に口だけ挟まれるのは納得いきません。私の夫にも申し訳ない気持ちになります。

長男風を吹かしている兄に対してどうしたらよいか、ご助言をお願いいたします。

（ｓｏｒａ・会社員・55歳・女性・神奈川県）

お答えします

あなたのご不満は、実はご自身へのイラだちからくるのかもしれません

お母様の介護は必ずしなければならないとしたら、それを**動かせない現実**と受け入れ、そこから考えていくしかありません。

お兄様とお母様との過去のいきさつは今問題にしても始まりません。お兄様とお母様との今の関係もあなたにはどうすることもできません。

たしかに口を挟まれたら、「そんなに文句があるのなら、のしをつけて親を送りつけてやる」とでもいいたくなるかもしれませんが（これはいい過ぎですね）、お母様の介護をするのであれば、どんなものであれ、外から聞こえてくる雑音に耳を傾けてはいけません。

お兄様が親を看ることができないので「おもしろくない」というのは少し違うかもしれません。

子どもが親にお金を借りたい時に横柄な言い方をすることがあります。お金を借りるのであれば、親であっても丁寧に言葉を尽くしてお願いするべきですが、**親にお金を借りることにどこか後ろめたい思いがある**ので、子どもは「金をくれ」というようないい方をするのです。

お金を親に借りるべきではない。これが子どもにとって理想です。ところが現実は、お金を借りなければならない。この**理想と現実とのギャップ**を「劣等感」といいます。

この劣等感は横柄な態度を取らなくても、ただ「お金を貸してくれない？」といえば解消されるはずなのですが、自尊心が強い子どもはそうすることができないのです。

お兄様の場合は、親を自分が看るべきだ（これが理想です）と思っているのに、現実には、自分では親の介護をすることができません。この理想と現実とのギャップを何とかしないといけないのですが、どうすることもできないことが残念なので、「長男風」を吹かしておられるように見えます。

本当は、「母のことをよろしく頼む」といえばいいのですけどね。

いい方はどうかと思いますが、お兄様が少なくともお母様のことに無関心でないことだけは確かですから、もしも今後お兄様と仲良くする、少なくとも、無用なエネルギーを使いたくないのでしたら、お兄様の**言動に善意を見る**というのは選択肢の一つにはなります。

ご自分でも、お母様を介護することに納得できていないのではありませんか。介護に専念できない自分を受け入れられず、そのことの理由をお兄様のお母様への態度に求めておられるように見えます。

今あなたがお母様の介護のことに注力して取り組み、お母様が気持ちよく過ごされることにあなたが喜びを感じられれば、お兄様のことはあまり気にならなくなるでしょう。

相談

生涯かけてやりたいことを見つけましたが、今の安定した環境も捨てがたく転職するべきか悩んでいます

生涯かけてやりたいことを見つけましたが、今の安定した環境も捨てがたく、転職するべきか悩んでいます。

生涯をかけてやりたいことを見つけ転職を考えているのですが、それはまったく未知の分野で過去にチャレンジした方々が幾人か見受けられましたが、いずれも道半ばで頓挫しています。

しかし必ず人のためになることで私の中でやらない理由が見つけられないくらいです。失敗してでも挑戦する。そのような勇気があればいいのですが、

私自身、転職回数が多く、今ようやく出世もあり安定した給与も手にいれたところで、また転職するのかと躊躇《ちゅうちょ》しています。ただ安定しているとはいえ、私生活では家族もなく人付き合いもまったくなく、人間的な生活や将来像を考えた時、転職して交流のある私生活を目指すべきでは、と考えてしまいます。

これまで岐路に立つ度、相談相手がおらず独断で決めてきました。ご意見をお聞かせください。

（あお・医療関係・33歳・男性・大阪府）

お答えします

一見迷っているようですが、実は挑戦しないことを決心しているのです

一見迷っているようですが、実は挑戦しないことを決心しているのです。

「必ず人のためになることで私の中でやらない理由が見つけられないくらい」であれば、何の迷いもなく転職すればいいと思うのですが、実際には**転職をためらう理由**がたくさんあるのですね。

やらない理由は見つけられないくらいなのに、転職をためらっている。

一見、迷っているようですが、実は、挑戦しないでおこうと決心しているのです。

転職をためらう理由の一つは、失敗してでも**挑戦するという気《き》概《がい》がない**ということであり、さらに気概がないことの理由として、転職しようとしている分野が未知であり、過去に挑戦した人はいずれも頓挫《とんざ》していることをあげています。

挑戦して失敗しないことはまずありません。そもそも、失敗しないようなことであれば「挑戦する」とはいいません。

しかし、何事であっても挑戦しようとする人が絶対成功しないと思っていることはないはずです。仕事がうまくいくかどうかも、実際に始めてみないとどうなるかわかりません。たとえ、これまで挑戦した人が皆頓挫したとしてもです。挑戦する人は、たとえこれまで誰一人成功したことがなくても、自分が初めて成功するという可能性に懸けるのです。

問題は、あなたがなぜ挑戦しようとしないかというところにあります。挑戦しなければ当然失敗しません。やらない理由はないのにためらっているというような葛藤《かっとう》があるというより、挑戦しないことのメリットが大きいと考えているのです。

率直にいうと、**結果が出ることを恐れている**のです。挑戦したら結果が出ますが、挑戦しなければ結果は出ません。挑戦したら成功するかもしれないという可能性の中に生きるほうがいいと考えているのです。

ですから、転職して始める仕事が実際に達成困難かはあまり関係がありません。

もっといえば、困難であるほうがいいのです。そのことを挑戦しないことの理由にできるからです。達成が困難なことだから挑戦しないのではなく、挑戦しないために、達成が困難だとされることに「挑戦しようとする」のです。「挑戦する」のではありません。

転職するかどうかより「自分は何のために働くのか」ということと向き合ってみる。

もう一つの転職をためらう理由は、転職すると今の職場で得られた出世と安定した給与を手放すことですが、**一体何のために働くのか**ということを考えなければならないと思います。

出世し、安定した給料を手に入れるために働くのでしょうか。そういうものを手に入れようと思うことがいけないとは思いませんが、そのようなことは働いた結果得られることであって、それを得ることが働くことの目的ではありません。出世さえできれば、あるいは、安定した給料を手に入れるためなら何をしてもいいわけではないでしょう。

そのように考えると、転職後、「人間的な生活や将来像」を考えているというのであれば、それがあなたが働くことの目的だと考えてもいいでしょう。転職しようとする仕事がこの目的を達成することを可能にするのであれば、迷わず新しい仕事に挑戦されてもいいのではないでしょうか。

あるいは、**仕事をすることの目的がはっきりしている**のであれば、新しい仕事に挑戦しないで、今の仕事をする中で、どうすれば「人間的な生活」を送れるかを考えてもいいのではないかと思います。今の仕事だから、そのような生活を送れないわけではないのですから。

第5章

ただそこに、いるだけでいい

本当の幸福は摩擦の中にある

『人生論ノート』の中に、幸福は単に内面的なものではなく、「表現的なもの」であるという言葉があります。

表現的なものというのは、**幸福を他の人に現す**という意味です。この『人生論ノート』を読むたびに、私は三木清は哲学者というより詩人ではないかと思います。幸福とは何か、生と死など、論理で割り切れないことについて、本当に美しい言葉で語っているからです。

まさに三木は本の中で「詩人」という言葉を使っています。「歌わぬ詩人というものは真の詩人でない」といっているのです。詩人は歌います。その歌は他の人に伝わるでしょう。幸福というものも人に伝わるものです。

「鳥の歌うが如くおのずから外に現われて他の人を幸福にするものが真の幸福である」

私たちができることは、**まず自分が幸福になる**ことです。自分の幸福は鳥が歌うように外に現れ、その幸福は他の人を幸福にします。他方、不幸そうにしていたらその不幸は他の人に伝わります。

カウンセリングの際、子どものことで相談にこられる親によく話すのですが、子どもに自分の親が幸福であるのがいいのか、不幸であるのがいいのかとたずねると、誰もが幸福であるのがいいと即答するのです。

自分のせいで親が不幸になっていると思いたい子どもはいません。それなのに、親はいつまでも子どもが学校に行かないことを悩みます。親が子どものことで悩むこと、あるいは、不幸であることには目的があります。私は、この子のせいで、こんなに不幸なのだということを子どもやまわりの人に伝えるためです。そうすることで世間の同情を引くことはできるかもしれませんが、そんなふうに思っている親と子どもがいい関係になるとは思いません。

そこで私は、子どもは自分の問題を自分で解決できますから、あなた自身がまず幸福になれば、**あなたの幸福は必ず子どもにも伝染していく**という話をします。親であるあなたは既に幸福である、ということに気づいてほしいからです。

これはどんな人にも当てはまることなのです。何かが達成できないと幸せになれない、今不幸であるということはなくて、どんな条件の中で、どんな状態の中にあっても、どういう状況の中にあっても、今自分は、このままで幸福であるということに気づいてほしいのです。

さらに三木は、人間的な幸福の要求は抹殺《まっさつ》されてはいけないといっていました。当時三木は「社会、階級、人類、等々、あらゆるものの名において人間的な幸福の要求が抹殺されようとしている」と警鐘を鳴らしていました。自分一人が幸福になるのは不可能だというのはたしかにその通りです。しかし、個人が所属する共同体への義務が、個人の幸福追求に優先するという考えが正しいのか。そんなことはありません。それは共同体の名の下に個人の幸福を抑止するための口実でしかありません。

ちょうど**親が子どもに何かあっても自分の幸福を優先させていい**ように、個人の幸福を優先的に求めることをためらってはいけません。

機嫌がよいこと、丁寧なこと、親切なこと……幸福は外に現れる

どうすれば幸福を表現できるでしょうか。三木はこんなことをいっています。

「機嫌がよいこと、丁寧なこと、親切なこと、寛大なこと、等々、幸福はつねに外に現われる」

三木がどんなことを念頭に置いて書いたのかはこれだけではわかりませんが、どういうことなのかもう少し考えてみたいと思います。先に引いた三木の言葉をもう一度見てみましょう。「鳥の歌うが如くおのずから外に現われて他の人を幸福にするものが真の幸福である」

外に現れる幸福は、他の人を幸福にするのです。

まず、機嫌がよいこと。気分が**安定している人はまわりの人が気をつかわなくていい**のでありがたいです。そのような人を見ればまわりの人も嬉しくなります。朝から怖い顔、不機嫌な顔をしている人がいますが、そういう人は自分からその日をつまらなくしているように見えますし、それが自分だけのことであればいいのですが、実際にはまわりの人の気分をも悪くしています。

次に、丁寧なことというのは、何かお願いされたら、忙しいからとおざなりな対応をしないということです。丁寧な対応をされると、**自分が大切にされている**と思え嬉しくなります。

さらに、親切なことというのは、自分はできることは自分でするが、他の人が援助を求めてくれれば可能な限り援助をすることです。これとは反対のことをしている人が多いように思います。人には頼るけれども、人から頼られた時に拒《こば》むということです。もちろん、自分がしないといけないことであっても、できないことはまわりの人に援助を求めなければなりません。

一方で、自分は他の人からの援助を受けてばかりだと思う人も悲観的になることはありません。他の人が自分にしてくれた親切が、自分を幸福にするのであれば、その時感じた幸福は必ずや親切に援助した人にもまた伝わっていくのです。そうやって幸福が伝染していくことで、その相手はますます貢献感を持てる援助ができるのです。

最後の寛大なことというのは、幸福であるために特に大切なことだと私は考えています。もしも自分と違う考えの人を認めようとしなければ、たちまちぶつかります。自分か相手かどちらの考えが正しいかを証明しようとする人は、対人関係をよくすることはできません。どうすれば仲良く生きることができるかを考えることが大切なのです。寛大でいるという意味は、**他の人の考えが自分の考えとは違っていても、理解する**、少なくとも理解しようとするということです。相手の側からいえば、たとえ賛成されなくても自分の考えが理解されたと思えたらありがたく思えるでしょう。

このように自分の幸福を他者に表現するということは、多くの方法があります。あなた自身が今幸福になれば、もっといえば自分が幸福であるということに気づきそれを表現すれば、そのようなあなたの変化に伴ってまわりの人も自分が幸福であることに必ず気がつくことになるのです。

本当の幸福は摩擦の中にある

「単に内面的であるというような幸福は真の幸福ではないであろう」という三木清の言葉があります。

幸福というと、内面的なもの、自分の心の中の状態をイメージする人が多いのですが、三木は、幸福は単に内面的なものではなく「表現的なもの」であると考えています。どこに表現されるのかといえば、対人関係の中です。

対人関係は煩わしいものです。対人関係の中に入っていくと、嫌われたり、憎まれたり、裏切られたり、傷つくという経験を必ずといっていいくらいします。

ですから、人から**傷つけられるくらいならいっそ誰とも関わらない**で生きていこうと思う人がいてもおかしくありません。若い人は、不登校になったり、引きこもったりするということがありますが、そういう行動を取る若い人がいても少しもおかしくありません。今日は仕事に行きたくないと一度も思ったことのない人はいないでしょう。

アドラーは、そのあたりのことをこんなふうにいっています。「あらゆる悩みは対人関係の悩みである」

対人関係以外の悩みもあるだろうといわれたら、ないわけではありません。しかし、例えば、**死というような問題も対人関係**です。死がどういうものであるかは誰も知りませんが、死が別れであるということだけは確実です。親しくしていた人はもちろん、親しくはなく喧嘩ばかりしてきた人であっても、その人と死別すると、何らかの意味で自分の中の一部が欠落するような喪失感を感じないわけにいきません。これは対人関係そのものです。ですから、死という問題すら対人関係の問題だと考えてもいいのです。

一人で幸福になることはできない

しかし、幸福もまた、対人関係の中でしか得ることはできません。人との関係を離れて、**自分が一人で幸福になるということは不可能**です。

病気で入院していた時に、医師に「本は書きなさい、本は残るから」といわれたことは先にも話しました。それは本は残るけれど、私の身体は残らないという意味ですからこの医師は決して気休めをいったわけではなく、予断を許さない状態である私の病状を踏まえてこういったのです。しかし、「本は書きなさい」といわれた時、本を書けるくらいは回復することを約束してもらえたと思いました。私は生きる希望を医師から与えられたのです。一人では幸福になれないというのは、希望は他の人から与えられるのです。

今、病気になって十一年目なのですが、本当に元気になりました。あちらこちらで講演をする機会を得て飛び回っていますが、あの頃はもう本当にこのまま死ぬのかなと思っていたのです。

生きる喜び、幸福は対人関係の中で得られるというのは、実際に誰かと特定の対人関係の中に入らなければならないということではありません。ただ絶望した時、**私たちを絶望から救ってくれるのは他人**です。生きる喜びや幸福は対人関係で得られるというのは、希望は他人から与えられるという意味です。

三木は自分自身の運命を知らなかったと思います。彼は戦争中、治安維持法で検挙された共産党員の友人である作家をかくまったという嫌疑で投獄されました。

ところが、戦争が終わったのに、すぐに釈放されませんでした。獄中で疥癬《かいせん》に感染し、腎臓を弱らせて誰からも看取られることなくベッドから落ちて絶命しました。一九四五年九月のことです。もしも戦争が終わってすぐに釈放されていたら、死なずにすんだでしょう。三木はそんな死に方をしているのです。

彼はそういう人生を送ることになるとは思ってもいなかったでしょうが、若い日に書いた『語られざる哲学』という草稿の中に「私は未来へのよき希望を失うことが出来なかった」と書いています。「希望を失わなかった」ではありません。「希望を失うことが出来なかった」です。なぜ失うことができなかったのか。希望は他の人から与えられるものだからです。

このように、**希望が他の人から与えられる**のであれば、実際には誰かとの対人関係の中になくても、他の人との繋がりの中に私たちが生きているということなのです。

他の人は怖い人だ、隙あらば自分を陥れようとする怖い存在だと思っている限り、他の人から希望が与えられるとは思えません。

ところが、私たちは往々にして他の人のことを怖い存在だと思ってしまいます。私もそうでした。母が亡くなった後、父と二人で暮らすことになったのですが、この父との暮らしが大変で、同じ空間に居合わせるだけで、空気がぴりぴりと緊張するようでした。

その父に結婚の話を切り出す時も反対されるのではないかと恐れました。父には、亡くなった母が私たちが結婚することを楽しみにしていたというふうに話を切り出しました。

そうすると思いがけず、父は受け入れてくれたのです。想像していた怖いことばかりが現実に起こるわけではありません。生きる喜びを感じるためには**まず勇気を持たないといけない**とこの時感じたのです。

自分に価値があると信じる

対人関係の中に入っていく勇気を持つためには、自分に価値があると思えないといけません。自分に価値があると思えなければ、対人関係の中に入っていけないからです。でも逆の人が多いのではないでしょうか。

対人関係の中に入っていかないために、自分に価値があると思わないようにしている。私なんかたいした人間ではないと思っている間は、対人関係の中に入っていかなくていいからです。自分でもこの**自分のことが好きになれない**のに、どうして他の人が自分のことを好きになってくれるだろうかと恐れているのです。しかし、自信を持ってしまったら対人関係の中に入っていかないといけなくなる。好きな彼や彼女に告白しないといけなくなる。しかし、そうしてしまうと、振られるなどしてつらい目にあうかもしれない。そう思って無意識に対人関係に入るのを避けているのです。

しかし、対人関係の中でしか、幸福になれないのですから、対人関係に入っていくためにも自分に価値があると思う必要があるのです。

他の人を怖い人と思うのではなく、アドラーのいう「仲間」と思えるためには勇気が必要です。つまり他の人は**必要があれば自分を援助してくれる**、また先の話でいえば、希望を与えてくれる存在だと信じるのです。

自分に価値があると思えるのは、自分が何らかの仕方で他の人に貢献していると感じられる時です。その感覚を持つために何ができるかといえば、とにかく自分が今、他の人にできることをしていくしかないのです。

私の友人は、朝、駅ですれ違う人に「おはよう」といおうと決心しました。知らない人からでも「おはよう」といわれたら嬉しいですね。しかし、彼は最初恐れていました。彼は吃音で、思うように言葉が出てこないことを苦にしていたので、他の人は自分の吃音をバカにして笑うと思い込んでいたのです。

私は彼に「もしも他の人が言葉が出てこなくなったらあなたは笑いますか」とたずねました。そんなことはないと気づいた彼は翌日、「おはよう」と挨拶をすることを自ら思い立ったのです。すると、十人のうち八人が「おはよう」と挨拶し返してくれたのです。彼は**自分に価値がある**と思えるようになりました。

人間の価値

この友人の場合、挨拶をするという行為によって貢献感を持てたのですが、貢献感を持つためにできることは、行為だけではありません。

私は病気になった時、先にも話したように、こんなことを考えました。身動きが取れなくなり、仕事を失い、家族には迷惑ばかりかけている。こんな私は生きる価値があるのかと。

ところが、病気で倒れてから何日か経ってからこんなことに思い当たりました。もしも病気で倒れて入院したのが私ではなくて家族や親しい友人だったらどうしただろう。取るものも取りあえず、駆けつけただろう。その時、もしも家族や友人が、どんなに重態でも、とにもかくにも生きていてくれてよかったと思うはずです。

同じことを自分に当てはめていけない理由はないと思ったのです。つまり、私は生死の境をさまよったけれど、こうやって生き延びられたことを喜んでくれる人はいるはずだし、**生還したことで他の人に貢献した**と思えたのです。

自分についてこのように思うのはハードルが高いです。しかし、何かを成し遂げなくても、自分が存在していること、生きていることが他の人に貢献していると感じられたら自分に価値があると思えます。自分に価値があると思えたら、対人関係の中に入っていき幸福になれる。そう思いたいのです。

生きていることで貢献できると話すと、たちまち反論されます。死ねば他者に貢献できないのかと。これは亡くなられた人のことを思えばそんなことはないことに思い当たるのではないでしょうか。

亡くなった人にはもはや触れることも、見ることも、声を聞くこともできません。その意味では死は永遠の別れです。三木はそのあたりをどういっているかというと、**死者との再会の可能性はある**といっています。それは自分が死んだ時である、と。生きている限りは亡くなった人とは絶対に会えないが、自分が死ねば、ひょっとしたら会えるかもしれないといっています。私はその気持ちはわかります。

亡くなった人とこの世で再会することはできませんが、亡くなった人が語った言葉はいつまでも忘れられないと思います。今も、私は折に触れて親の語った言葉を思い出します。

そんな形で、人は生きている時も、**死んでからも他者に貢献することができる**のです。

相談

大切な人が重い病気にかかってしまいました。何もできない自分が情けなく、どうしたら力になれるでしょうか

とても大切な人が重い病気にかかっていることがわかりました。

その人は、末期のがんで手術の方法がないといわれたそうですが、抗がん剤治療を受けながらも、完治の可能性を探していくつかの病院をまわっています。

私は医学的な知識もなく、その人の役に立てることがなく、またどんな言葉をかけていいかもわからず、呆然《ぼうぜん》とするばかりです。どうしたらいいのかわからない、そんな自分が情けなくて仕方ありません。（主婦・49歳・女性）

お答えします

大切なその人を信頼すること。その上で、もし会いに行けるなら、その時間を大切に過ごしてください

その大切な方を**信頼する**ことが必要です。

その人が自分の置かれた状況にあって、自力でしか解決できない課題に立ち向かえる人だということを信じるということです。

だから何もしなくていいというのではありません。たとえあなたが何もできな

くても、その人は**病気に向き合うという課題**を自力で解決できると信頼した上で、今、病気に向き合っているその人の力になりたいと思うのは当然です。

しかし、力になりたいと思っても、どうしたらいいのかわからないということはあります。何ができるかわからなければ「何かできることはないか」とたずねればいいのです。実際、このような場合、どうしたらいいかわかる人などいないのではないかと私は思います。

何もできなくても、どんな言葉をかけていいかわからなくても、その人に会えるのなら、会いに行きたいと思いませんか。それなら会いに行って「心配なので取るものも取りあえず会いにきた」といえばいいのです。

よく思い出すエピソードがあります。

病気の子どもの親に回復の見込みはないと告げた主治医にアドラーがいいました。

「どうしてわれわれにそんなことがいえるだろう。これから何が起こるか、どうしたら知ることができるだろう」

これから起こることは何も決まっていません。

先のことは誰にもわかりません。

あなたができることは、**共に過ごす時間を大切にする**ことだけです。

相談

一度は解決した婚約者の借金問題が再発。このまま結婚してもいいのでしょうか

婚約中の男性と一緒に暮らしています。同棲して二年程で近々入籍することになり、親兄弟や友人にもその旨を伝えました。皆おめでとうと喜んでくれています。パートナーの男性はお金の管理に疎く、ギャンブルにのめり込み、あればあるだけ使ってしまいます。なので、同棲当初から私が彼のお給料も管理し、月々お小遣いを渡す形で生活しています。

同棲後半年くらい経って、彼に借金があることがわかりました。ずっと借金しながらギャンブルをしていたようで、私が知った時には百万円ほどあり

ました。

いろいろと話し合って、今後は借金をしないこと、ギャンブルをする場合はお小遣いの範囲で、必要なお金は使ってしまわないこと、を条件に百万円の借金の返済は私が管理し、二人で協力して返済してきました。やっと返済の目処《めど》が立ったので、今回入籍しようとなったのですが、ここへ来てまた彼の借金が発覚しました。数日前から借金の返済が滞っているらしい督促の電話があったり、新たに申し込んだカードローンのカードが家に届いたりして、一体またいくら借金をしているのかと考えると夜も眠れません。

本人は隠していて、バレていないと思っているようで平気な顔をしています。入籍を前に、私の心中は彼をどうしても信用できず不安しかありません。周囲からは祝福されてお祝いまで戴いている状態で軽々しく破談の決心もつかず、今後どうやって向き合っていったらいいのかと結婚自体にも悩んでいます。

結局は自分で決めなければならないことですが、何かアドバイスを戴けたらと思い、ご相談させていただきました。よろしくお願いします。

（ももこ・パートアルバイト・39歳・女性・大阪府）

お答えします

人を愛することは非合理の極致。とはいえ結婚前に見直すべきことがいくつかあります

結婚する前に**解決しなければならない問題**を抱えているカップルは多いと思います。

大きな問題でなければ結婚してからゆっくり解決することもできるでしょうが、彼の借金をめぐる問題は結婚前に解決したほうがいいと思います。

問題があれば結婚できないわけではありません。問題があっても結婚に踏み切ろうと思えるとしたら、問題が解決したからというよりも、**二人が協力すれば問題を解決できる**ことがわかったからです。

実際、結婚してからも問題は起こります。そんな時でも、二人が協力すれば問題を解決できるだろうと確信できれば結婚できます。逆に、そう思えなければ、また同じような問題が起こるのではないかと不安になり、結婚に踏み切れません。

同棲している間に、彼の借金の問題を解決できたのはよかったと思います。しかし、借金を返済し、給料の管理についても取り決めをすることだけでは問題を解決できなかったのです。

問題は、借金そのものではなく、彼が借金しながらギャンブルをしていたこと、そして、ようやく借金の返済の目処が立ったのに、またもや借金をしていたことを彼が隠していたことにあります。その上、彼がバレていないと思い平気な顔をしていることも問題です。

借金そのものは返済すれば解決できますが、借金を隠すことは根深く解決が難しい問題です。この問題を解決しないで結婚することには大きなリスクが伴います。

問題を解決するためには、次の点を見直さなければなりません。

借金問題を解決した時、あなたが一方的に解決策を提案しなかったかということです。

もしもあなたが一方的に提案したのであれば、彼と協力して問題を解決したことにはなりません。彼にもどうしたらいいか考えをたずねて、**話し合うことが大切**です。

彼はお金の管理に疎く、**お金があればあるだけ使ってしまう**と書いておられますが、もしもお金をそのように使うことに彼が問題を感じていなかったのであれば、お金があればあるだけ使ってしまうと生活できなくなるということを説明するしかありません。

しかし、もしも彼が借金してはいけないとわかっているのなら、借金をしてまでギャンブルにお金を使っていたら生活できなくなるというような正論をいえば、きっと抵抗されるでしょう。借金を隠していたのですから、彼は自分がしていることがどういうことかわかっていたはずです。

そうであれば、あなたが彼に借金の事実を隠させていたのではないかと考えなければなりません。もちろん、借金を繰り返す彼を信用できないといわれるのはよくわかりますが、大切なことは、彼が間違っていることを証明することではなく、協力して問題の解決に当たっていくことです。あなたが給料を管理し、小遣いを渡すという今の生活のあり方を不満に思っておられるということも考えられます。もちろん、非は自分にあるとわかっておられるので、受け入れられたのでしょうが。

このような見直しをした上で、黙っていないで、バレていないと思って平気な顔をしている彼とはっきりと話し合わなければなりません。彼を信用する、しないという問題ではありません。決して諦めず粘り強く話し合いましょう。

話し合いをしても、なお同じようなことが起こるのであれば結婚を諦める、少なくとも延期したほうがいいかもしれません。親兄弟や友人に祝福されているからといって**不本意な結婚をする**のはおかしいでしょう。

それでも、彼と結婚したいと思うのであれば、もちろん、誰も引き止めることはできません。私は話し合いの余地はあると思いますので、こんなふうにしてみられたらどうかという提案をいくつかしました。

たとえ同じことが繰り返されても、それが彼を人生のパートナーに選ぶことの責任であり、結婚するというのはその責任を引き受けるということです。まわりの人に借金のことなどを話したら、おそらく反対されると思います。わざわざ問題がある人と結婚することはない、というようなことをいわれるでしょう。

でも、人生においてはすべてが論理的に決められるわけではありません。

人を愛することは、**非合理の極致**であるといえます。

相談

リーマンショック以降仕事を失いメンタルを病みました。もう何年も笑っていません

人生に絶望し生きる気力が湧きません。死にたいと思うこともしばしばありますが、自ら死ぬだけの勇気もありません。私は現在五十六歳、デザイン会社を経て五十歳くらいまではフリーランスの広告デザイナーをしておりました。仕事もそれなりに順調でした。建てた家の住宅ローンも払い終わり、二人の息子も奨学金に頼らず大学を卒業させました。

ですが、あのリーマンショック以降、クライアントとのパイプが次々と切れ、仕事を継続することが不可能になりました。広告デザインしかやってこなかった五十代に再就職の道はほとんどありません。いろんな業種の求人に

応募しましたが全部不採用。現在は食べるためにやむなく派遣型風俗店に就職しサイトデザインやバナー、女の子の画像加工などの仕事をしております。情けないです。惨めです。収入も四十代の頃の半分以下になりました。

勤めている店は表向き株式会社ですが、社会保険も雇用保険もありません。仕事の内容は酷いものです。職場環境も劣悪で、だらしがない経営者の影響で、まるでゴミ屋敷です。

家族にもこんな仕事をしているなんて話せませんし、私の給料は女の子が身体を売って稼いだお金から捻出されていると思うとやり切れません。完全にメンタルを病んでしまい、心療内科に通っています。もう何年も笑った記憶がありません。それでも食べるために働いています。つらいです。私はもう現状から逃れる方法はないのでしょうか。

（負け組・グラフィックデザイナー・56歳・男性・愛知県）

お答えします

人が過去を懐古するのは、今を変える勇気がない時。アランのあの言葉を贈ります

現状から逃れる方法があるか、ないかといえばあります。ただし、そのためには**大きな決心**が必要です。

まず、今の仕事をどうするのか考えなければなりません。仕事内容、職場環境に満足できず、それを改善するのが難しいのであれば、転職をするしかないでしょう。

辞めるわけにはいかないのだといわれるかもしれませんが、現状から逃れたいと思われるのであれば、行動を起こさなければなりません。幸い、住宅ローンも終わり、息子さんたちも大学を終えておられるのですから、これからの人生を慎ましやかに生きることができないわけではありません。

次に、過去の栄光を捨てなければなりません。過去を手放すことは時に簡単なことではありませんが、過去には戻れないという現実を受け入れ、**今できることから始める**しかないと思います。過去を懐古するのは、往々にして、今の生き方を変えないためです。

第三に、家族を信頼することです。今の仕事のことを話されていないとのことですが、家族に打ち明けてみられたらどうでしょう。あなたが一生懸命家族のために働いてこられたことに感謝されているはずですから、あなたを非難されるようなことはないと私は思います。

もう**何年も笑った記憶がない**とのこと。私はフランスの哲学者、アランがこんなことをいっているのを思い出しました。

「幸せだから笑うのではない、笑うから幸せなのだ」

毎朝、笑うところから一日を始めてみませんか？

あとがき

本書は、講演と人生相談への回答、「挫折」について問われたインタビュー記事から成り立っています。通底するテーマは「幸福」です。

幸福についてはもうずいぶん長く考えてきましたが、私にとってこの問題を考える大きな転機になったのは、『嫌われる勇気』に続く完結編である『幸せになる勇気』で幸福について論じたこと、その後、学生時代から折に触れて読んできた哲学者の三木清の著作を集中的に読み直す機会が与えられたことでした。三木の著作を読むことになったのは、三木のもっとも知られている著作である『人生論ノート』をＮＨＫ・Ｅテレの「１００分de名著」で紹介することになったからです。

久しぶりに『人生論ノート』を読み返すと、三木が幸福について真正面から論じていることに気づきました。「真正面」という言葉を使ったのは、「なぜ人は不幸なのか」「なぜ人は苦悩するのか」ということについては多くの人が言葉を尽くして論じているのに、幸福について論じられることはあまりないと感じていたからです。

幸福について書かれた本がないわけではないのです。しかし、何もしなくても癒されるような幻想を説くものであったり、人生は思い通りになるという、あまりにポジティブなものであったりするので、幸福は西洋では古代ギリシア以来中心的なテーマであったはずなのに、哲学を学生の頃から学んできた私自身までが、幸福について考察することを少しばかり敬遠するところがありました。

哲学者の池田晶子は「幸福」はどうつかまえようとしても、そこからスルッと逃げてしまうといっています。ある雑誌で始めた幸福論が中途で挫折したそうです。

「聞くところによれば、史上あまたの哲学者たちがこれに挑戦して、あえなく敗退しているのだそうだ」（『ロゴスに訊け』）

さらに、

「こんなものはロゴスによって真正面に論じるべき対象ではないのである」

といっています。

三木は幸福をまさにロゴス（理性・言葉）で真正面から論じています。本書も同じ趣旨によるものです。幸福と幸福感は違うのであり、幸福とは何かはロゴスによってしか明らかにすることはできないのです。

三木がいうように、健康な胃を持っている人は胃の存在を感じないとすれば、幸福について考えることが既に不幸の兆しなのかもしれませんが、三木の生きた時代に似た今の時代、三木以上に真正面から個人の幸福、人間的な幸福について考えなければなりません。

もとより、「幸福とは何か」というような問いには簡単に答えることはできませんが、本書で考え方の一つの道筋を明らかにできたと思います。

まず、成功と幸福は別物であるということです。多くの人が人生の目標と見なしているのは、幸福ではなく成功なのです。

三木は幸福が「存在」であるのに対して、成功は「過程」であると説明しています。成功するためには何かを達成しなければなりませんが、何も達成しなくても、今ここで幸福で「ある」ことができるということです。

反対に、何も達成できなくても、あるいは、何かを失うことがあっても、そのことで不幸になるわけではないのです。

成功するために達成しなければならないと思われていることは、例えば、よい（と思われている）学校に入り、よい会社に就職するというようなことであり、三木の言葉を借りると「一般的なもの」ですからわかりやすいのですが、そのような人生だけがすべてではありません。若い人が親の勧めるままに進学校に入ったからといって、自分の生き方に疑問を感じることは当然ありうるのです。

他方、幸福は、三木清の言葉を使うならば、「各人においてオリジナルなもの」なので、そのあり方は人によって違います。この意味での幸福を追求しようとすると、若い人であれば親から反対されることがあります。

しかし、成功することが幸福であるとは限りません。人が羨むような成功を収めたとしても、幸福だと「思われる」ことには意味はなく、実際に幸福で「ある」のでなければ意味がありません。

次に、成功を幸福と同一視している人は、自分の価値を何ができるかという生産性の観点からしか見ないことが多いように思いますが、人の価値は生産性で測れないということです。

人生は思い通りになると豪語する人を見ることがありますが、そのような人は病気になることや老いることが自分には無関係だと思っていられる間は幸福であると思えるかもしれませんが、人生が決して自分の思い通りにはならないと知ることになる出来事、例えば、事故や災害に遭うこと、また、不意に病に倒れるというような経験をすると奈落の底に落ちる思いがするでしょう。

人の価値は生きていることにあるのです。その上で、何かができる人はそのことで他者に貢献することはできます。若い中学生、高校生の前で行った講演では、持てる才能を他者に貢献するために活かそうという話をしましたが、歳を重ねいろいろなことができなくなっても、そのことで自分の価値が減じることはないということを知っておかなければなりません。

さらに、人生は苦であるということです。先に見た、人生は思い通りになると思う人は楽天主義者といっていいでしょうが、そのような人は自分の人生の行く手を阻むような出来事に遭っても、何とかなると思い、現実から目を背けようとするでしょう。

他方、そのような不条理で悲惨な出来事を前にして打ちのめされ絶望し、何もなす術《すべ》がないと思う悲観主義者は手を拱《こまね》いて何もしようとはしないでしょう。

人生は苦もあれば楽もあるのではなく、苦であると見るほうが人生の真理に近いように私は思います。苦しいけれども、その現実を前にできることをしようと思える人は、楽天主義者、悲観主義者と区別して楽観主義者といえます。

このように苦しい現実を前にしてもできることをしようと思って生きられればいいのですが、あまりに不条理な出来事に遭うと、たちまち幸福であると思えなくなるというのも本当です。

ユダヤ教のラビ（聖職者）であるH・S・クシュナーは、三歳の子どもが難病に罹患し、後十余年の命という絶望的な宣告を受けました（『なぜ私だけが苦しむのか　現代のヨブ記』）。

クシュナーは、不条理な現実を受け入れるところから始めるしかない、その不条理を仕方ないこととして諦めるのではなく、悲惨なことや不条理なことが起きることは防ぐことは難しいけれども、不幸を乗り越える勇気と忍耐力を持ちたいといっています。

そのような力を一体、神以外のどこから得ることができるかとクシュナーはいっています。神に言及するのは、無論、彼がラビだからですが、人間は決して不幸な出来事に遭ってもそれによって打ち負かされるような無力で脆弱《ぜいじゃく》な存在ではありません。

鳩に抗《あらが》う空気が飛翔を妨げるのではなく、かえって飛翔を助けるように、苦しみしかもたらさないように見えることも人生を生き抜くための糧とすることはできます。

最後に、人は「今ここ」でしか幸福であることはできないということです。

クシュナーは、苦しみや過去に焦点を合わせた問い、つまり、なぜこの私や家族にこんなことが起こったのかという問いを立てることから脱却し、目を未来に向けた問いを発するべきだといっています。

「現状はこうなのだ。私は、これから何をなすべきなのだろうか」

厳密にいえば「これから」ではなく「今」何をなすべきだろうかと問わなければなりません。なぜなら、過去はもはやなく、未来もきていないからです。これもさらに厳密にいえば、未来はまだきていないというよりは、端的に「ない」のです。過ぎ去った過去を思って後悔することなく、未来を思って不安になることはありません。今日という日を今日のためにだけ生きることは存外難しいものですが、「今ここ」でこそ幸福で「ある」ことができるのです。

今回も、長く私の本の編集を担当してくださっている福島広司さんと木田明理さんのお世話になりました。ありがとうございました。

岸見一郎

二〇一八年三月

本作品のQ&A（人生相談）部分は、WEBメディア「幻冬舎ｐｌｕｓ」の連載「かけこみ人生相談」「岸見一郎の幸福論〜幸せとは表現するもの〜」の内容を再編集いたしました。

その他の原稿は、２０１７年９月29日に洛南高校・同附属中学校で実施された講演「これからの人生をどう生きるか〜才能を人のために活かすということ」、２０１７年９月３日にＮＨＫ文化センター青山教室で実施された「幸福の哲学　アドラー×古代ギリシアの智恵」、幻冬舎ｐｌｕｓ「わたしが挫折したときのこと」の内容をもとに大幅に加筆修正したものとなります。

＜著者プロフィール＞

岸見一郎（きしみ・いちろう）

1956年、京都府生まれ。京都大学大学院文学研究科博士課程満期退学（西洋哲学史専攻）。著書に『嫌われる勇気』『幸せになる勇気』（古賀史健と共著、ダイヤモンド社）、『人生を変える勇気』（中央公論新社）『アドラーに学ぶ――よく生きるために働くということ』（KKベストセラーズ）『三木清「人生論ノート」を読む』（白澤社）『老いた親を愛せますか？　それでも介護はやってくる』『子どもをのばすアドラーの言葉　子育ての勇気』（ともに幻冬舎）、訳書にアドラー『個人心理学講義』『人生の意味の心理学』（アルテ）、プラトン『ティマイオス／クリティアス』（白澤社）など多数。

成功ではなく、幸福について語ろう
2018年5月25日　第1刷発行

著　者　岸見一郎
発行人　見城 徹
編集人　福島広司

発行所　株式会社 幻冬舎
〒151-0051東京都渋谷区千駄ヶ谷4-9-7
電話　03（5411）6211（編集）
03（5411）6222（営業）
振替00120-8-767643
印刷・製本所：中央精版印刷株式会社

検印廃止

ISBN978-4-344-03300-9　C0095
幻冬舎ホームページアドレス　http://www.gentosha.co.jp/

この本に関するご意見・ご感想をメールでお寄せいただく場合は、
comment@gentosha.co.jpまで。